我们身边的法律

本书编写组◎编

**YUFA TONGXING
CONGSHU**

世界图书出版公司
广州·北京·上海·西安

图书在版编目（CIP）数据

我们身边的法律／《我们身边的法律》编写组编
. —广州：世界图书出版广东有限公司，2010. 11（2024.2 重印）
ISBN 978 - 7 - 5100 - 3008 - 6

Ⅰ. ①我… Ⅱ. ①我… Ⅲ. ①法律 - 中国 - 青少年读
物 Ⅳ. ①D920. 5

中国版本图书馆 CIP 数据核字（2010）第 217529 号

书　　名	我们身边的法律
	WOMEN SHENBIAN DE FALÜ
编　　者	《我们身边的法律》编写组
责任编辑	冯彦庄
装帧设计	三棵树设计工作组
出版发行	世界图书出版有限公司　世界图书出版广东有限公司
地　　址	广州市海珠区新港西路大江冲 25 号
邮　　编	510300
电　　话	020-84452179
网　　址	http://www.gdst.com.cn
邮　　箱	wpc_gdst@163.com
经　　销	新华书店
印　　刷	唐山富达印务有限公司
开　　本	787mm × 1092mm　1/16
印　　张	13
字　　数	160 千字
版　　次	2010 年 10 月第 1 版　2024 年 2 月第 11 次印刷
国际书号	ISBN　978-7-5100-3008-6
定　　价	59.80 元

前　言

　　法律是保证社会秩序和社会生产和生活正常运行的根本保障，通过了解身边的法律案件和故事，尤其是在最接近青少年的生活环境和场所发生的法律案件，能让我们广大青少年更好地认识和感受到法律的重要性，也能够更好地了解和学习法律知识，这对青少年提高对法律的认识和了解有很好的帮助。

　　法律保护在青少年健康成长过程中发挥着不容忽视的重要作用，只有让青少年深入地了解法律、认识法律，遵纪守法，才能够使青少年全面健康地成长，才能促进他们的全面发展，才能够培育出面向现代化、面向世界、面向未来，有理想、有道德、有文化、有纪律，德、智、体、美全面发展的中国特色社会主义事业建设者和接班人。

　　胡锦涛同志在加强和改进青少年思想道德建设工作会议上发表重要讲话时特别指出，要"积极创造青少年健康成长的良好社会环境。要增强大众传媒的社会责任感，为青少年思想道德建设创造良好的舆论环境。……要严厉打击危害青少年身心健康的违法犯罪活动。要切实加强保护青少年权益方面的立法和执法工作，为青少年思想道德建设创造良好的法制环境。要形成尊重青少年、关心青少年、帮助青少年的社会氛围，促进他们健康成长、发展成才"。

　　胡锦涛同志的讲话体现了党和国家对青少年法律保护和健康成长的高度重视。在构建青少年法律保护体系的过程中，青少年社会保护同样是一个不可或缺的环节。

　　基于以上原因，我们搜集和挑选了一批涉及青少年法律保护和违法犯罪的典型案例，编纂成书，通过以案说法的形式，向广大读者介绍青少年法律保护的知识，以期提高青少年对法律的认识，做一个遵纪守法的人。

本书具有以下特点：

（1）以案说法，生动形象；

（2）评析简要，通俗易懂；

（3）讲法说理，贴近生活；

（4）体例统一，浑然一体。

我们衷心地希望每一位青少年都能在法律的"保护伞"下，遵纪守法，沐浴着新世纪的清风茁壮成长。

目　　录

社会篇

在俱乐部训练中受伤

【案例】

韦某自幼喜欢足球，很小时便由其父母为其聘请教练学习踢足球。2000年，8岁的韦某被其父母送到某足球俱乐部进行封闭式训练。2004年3月某日下午，韦某在参加某足球俱乐部组织的足球训练的过程中跌倒摔伤，造成右脚脚踝骨折，住院16天，其母为了照顾韦某而误工，被扣发工资。医院出具了韦某需护理4个月的证明。韦某的父母遂以韦某法定代理人的身份向人民法院提起诉讼，要求某足球俱乐部赔偿韦某住院期间的医疗费、营养费、护理费，其父母的误工费以及交通费等共计5000元。

某足球俱乐部认为，该俱乐部进行足球训练是经有关行政部门批准的，韦某是在自愿的基础上前来进行训练的。韦某发生的骨折事故纯属意外，该俱乐部在训练过程中遵守体育规范，没有违反体育道德，根据最高人民法院《关于贯彻执行＜民法通则＞若干问题的意见（试行）》（以下简称《意见》）第160条的规定，"在幼儿园、学校生活、学习的无民事行为能力人或者在精神病院治疗的精神病人，受到伤害或者给他人造成损害，单位有过错的，可以责令这些单位适当给予赔偿。"该俱乐部在韦某受伤的过程中没有过错，不应当承担赔偿责任。

【法理分析】

《民法通则》第12条规定："10周岁以上的未成年人是限制民事行为能力人，可以进行与他的年龄、智力相适应的民事活动；其他民事活动由他的法定代理人代理，或者征得他的法定代理人的同意；不满10周岁的未成年人是无民事行为能力人，由他的法定代理人代理民事活动。"

众所周知，民事行为能力是民事主体以自己的行为取得民事权利和设定民事义务的能力。它包括合法行为和不法行为能力两方面内容。由于无民事行为能力人没有判断能力和自我保护能力，不知其行为后果，所以法律规定无民事行为能力人的民事活动由其监护人代理。《民法通则》第16条规定："未成年人的父母是未成年人的监护人。"

所以原告的父母不可推卸地对原告负有监护职责。最高人民法院《关于贯彻执行〈民法通则〉若干问题的意见（试行）》（以下简称《意见》）第10条规定："监护人的监护职责包括：保护被监护人的身体健康，照顾被监护人的生活，管理和保护被监护人的财产，代理被监护人进行民事活动，对被监护人进行管理和教育，在被监护人合法权益受到侵害或者与人发生争议时，代理其进行诉讼。"

韦某的父母代理韦某向人民法院提起诉讼，要求某足球俱乐部承担韦某人身损害的赔偿责任，是履行其法定监护职责的体现。而本案争议的实质在于韦某所受的人身损害是由于其父母未尽到保护被监护人身安全的监护职责造成的，还是由于某足球俱乐部的过错造成的。在此基础上，才能判定韦某人身损害赔偿责任的归属。

本案的特殊情况在于原告被送进封闭式训练的俱乐部时，其已经脱离了父母的监护，其父母不能对原告的行为和活动进行有效的控制和救济。在父母不在场的情况下，父母对未成年人的保护并没有因此消失了。为了使未成年人脱离监护人时仍受到保护，我国法律作了相应的规定，即《意见》第22条规定："监护人可以将监护职责部分或者全部委托给他人。"该条款的规定使未成年人在脱离监护人的情况下权益仍能够得到充分的保护。

在案件审理中，足球俱乐部以《意见》中的第160条规定进行抗辩。足球俱乐部认为自己"没有过错"，不承担责任。足球俱乐部是营利性质的单位，在进行封闭式训练的过程中，保护被监护人韦某的身体健康、维护韦某合法权益的监护责任和义务实际上已经转移到俱乐部。所以，作为以营利为目的的足球俱乐部，是一个经营中的单位，其在进行封闭式训练，招收未成年的小球员时，便应该预见到运动中可能发生的事故，而当小球员的家长将未成年的子女交给俱乐部时，俱乐部必须承担保护、照顾未成年人的责任与义务。

就本案而言，应视为原告韦某的父母将对原告的监护职责转移给了足球俱乐部，因此对韦某发生损伤的事故俱乐部因未尽到保护职责而必须承担民事责任。在这里需要特别提及的是，某足球俱乐部承担的责任与寄宿制学校承担的监护职责相近。非寄宿制学校只承担对学生的管理责任和合理注意义务，不存在监护职责的转移问题。

店里雇用童工

【案例】

严某（男）和苏某（女）都是农民。两人于1990年结婚。婚后，生育了一男一女。2002年，两人将一双儿女交给老人照顾，双双到城里打工。严某有一手炒菜的好手艺。2003年6月，夫妇二人在城里租了一个临街的店面，开了一个小餐馆。严某负责掌勺，苏某在前堂招呼客人。由于餐馆的饭菜味道好，价格又公道，经济实惠，很快就赢得了顾客的赞誉。生意一天比一天红火。

严某夫妇起早贪黑，辛勤忙碌，但还是逐渐感到应付不过来了。一开始，两人想过请服务员，但餐馆刚刚开张，收入有限，暂时还承担不起请人的费用。这时，大女儿刚好初中毕业，没再升学，闲在家里，于是，严某夫妇就商量着将女儿接到城里来帮忙。

2003年12月，严某夫妇的大女儿来到了他们的店里，帮着招呼客人和干些杂活。由于自幼生长在农村，女儿十分吃苦耐劳，干活特别勤快，给严某夫妇减轻了不小的负担。夫妻二人看在眼里，喜在心里。但就在这时，一件意想不到的事情发生了。2004年春节过后，当地劳动局组织对个体工商户用工情况进行大检查。在检查中发现，严某夫妇的大女儿不满16周岁。

劳动局对严某夫妇作出了处罚决定：责令其停止非法使用童工的行为，并对其处以1000元罚款。严某夫妇对此很不理解，让自己的子女到店里来帮忙，怎么成了非法使用童工呢？劳动局对严某夫妇的处罚正确吗？

【法理分析】

《未成年人保护法》第 28 条规定："任何组织和个人不得招用未满 16 周岁的未成年人，国家另有规定的除外。任何组织和个人依照国家有关规定招收已满 16 周岁未满 18 周岁的未成年人的，应当在工种、劳动时间、劳动强度和保护措施等方面执行国家有关规定，不得安排其从事过重、有毒、有害的劳动或者危险作业。"

第 49 条规定："企业事业组织、个体工商户非法招用未满 16 周岁的未成年人，由劳动部门责令改正，处以罚款；情节严重的，由工商行政管理部门吊销营业执照。"

《劳动法》第 15 条规定："禁止用人单位招用未满 16 周岁的未成年人。文艺、体育和特种工艺单位招用未满 16 周岁的未成年人，必须依照国家有关规定，履行审批手续，并保障其接受义务教育的权利。"

第 94 条规定："用人单位非法招用未满 16 周岁的未成年人的，由劳动行政部门责令改正，处以罚款；情节严重的，由工商行政管理部门吊销营业执照。"

国务院《禁止使用童工规定》第 2 条规定："国家机关、社会团体、企业事业单位、民办非企业单位或者个体工商户（以下统称用人单位）均不得招用不满 16 周岁的未成年人（招用不满 16 周岁的未成年人，以下统称使用童工）。禁止任何单位或者个人为不满 16 周岁的未成年人介绍就业。禁止不满 16 周岁的未成年人开业从事个体经营活动。"

第 3 条规定："不满 16 周岁的未成年人的父母或者其他监护人应当保护其身心健康，保障其接受义务教育的权利，不得允许其被用人单位非法招用。不满 16 周岁的未成年人的父母或者其他监护人允许其被用人单位非法招用的，所在地的乡（镇）人民政府、城市街道办事处以及村民委员会、居民委员会应当给予批评教育。"

第 6 条规定："用人单位使用童工的，由劳动保障行政部门按照每使用一名童工每月处 5000 元罚款的标准给予处罚；在使用有毒物品的作业场所使用童工的，按照《使用有毒物品作业场所劳动保护条例》规定的罚款幅度，或者按照每使用一名童工每月处 5000 元罚款的标准，从重处罚。劳动保障行政部门并应当责令用人单位限期将童工送回原居住地交送其父母或者其他监护人，所需交通和食宿费用全部由用人单位承担。用人单位经劳动保障行政部门依照前款规定责令限期改正，逾期仍不将童工送交其父母或者其他监护人的，从责令限期改正之日起，由劳动保障行政部门按照每使用一名童工每月处1万元罚款的标准处罚，并由工商行政管理部门吊销其营业执照或者由民政部门撤销民办非企业单位登记；用人单位是国家机关、事业单位的，由有关单位依法对直接负责的主管人员和其他直接责任人员给予降级或者撤职的行政处分或者纪律处分。"

从上述法律规定可以看出，我国法律、法规严格禁止使用童工的行为，即禁止让未满16周岁的未成年人参加经营性的劳动或者个体劳动。这是由于未成年人还处于生长发育阶段，其生理、心理状态还未完全成熟，如果过早地进入劳动领域对其身心发育不利，而且也影响社会上未来的劳动力供给水平。因此，劳动就业是保护未成年人安全和健康的重要环节，只有科学地处理好未成年人的劳动问题，才能保证未成年人在德、智、体各方面都得到全面发展。所以，我国法律、法规对未成年人参加劳动进行了严格的限制，除法律、法规另有规定外，禁止让未满16周岁的未成年人参加劳动。

严某夫妇让他们未满16周岁的女儿来店里"帮忙"，名为帮忙，实为使用童工，因为他们从事的是营利性活动，女儿"帮忙"也显然不是家务劳动。也就是说，严某夫妇与女儿之间已经形成了雇佣劳动关系，应当向女儿支付相应的报酬。即使他们没有支付报酬，也不能阻止其与女儿间雇佣劳动关系的形成。但这种雇佣关系是违法的，根据《劳动法》、《未成年人保护法》、《禁止使用童工规定》的相关规定，当地劳动局对严某夫妇的处罚是正确的。严某夫妇应当接受处罚，立即改正。

在免费游乐场摔伤

【案例】

2003年8月某日，付某（8岁，某小学一年级学生，身高1.3米）于中午放学后到学校附近的某快餐厅就餐。吃完饭，付某即在该餐厅内设的免费游乐场内玩耍。在该游乐场的门口立有告示牌"本游乐场供身高在1.2米以下的儿童使用"。

在玩耍过程中，付某被其他一同玩耍的小朋友推挤摔倒，造成骨折。餐厅工作人员当即将其护送回家。付某在住院治疗的过程中共花去医药费1600元。付某的父母多次找到某快餐厅要求赔偿，遭到拒绝，遂于2003年11月向当地人民法院提起诉讼。

原告诉称：付某在放学后到某快餐厅就餐，并于就餐后在该餐厅内设的游乐场玩耍。由于该快餐厅未对游乐场进行有效的监督和管理，没有履行其保证顾客人身安全的义务，造成付某在玩耍中被其他小朋友推挤摔倒并造成骨折，请求人民法院依法判决某快餐厅赔偿医药费1600元、付某父母的误工费2000元。

被告某快餐厅辩称：该餐厅内设的游乐场在门口设有醒目的告示牌"本游乐场供身高在1.2米以下的儿童使用"。付某身高为1.3米，其违反餐厅的规定擅自进入游乐场，发生的一切后果应当由其自行承担。该游乐场实行的是自律自助式的管理模式，不需要设立专门的管理人员。

对在游乐场内玩耍的小朋友，该餐厅没有管理和看护的法定或约定的义务。付某是被在游乐场内玩耍的其他小朋友推挤摔倒致伤的，致害人是推挤他的其他小朋友，快餐厅不是致害人。付某的法定监护人未履行其法定监护及安全教育职责，对付某在托管期间受伤负有一定的责任。因此，快餐厅不应当承担损害赔偿责任，请求法院依法驳回原告的诉讼请求。

【法理分析】

我国《消费者权益保护法》第2条规定："消费者为生活消费需要购买、使用商品或者接受服务，其权益受本法保护；本法未作规定的，受其他有关法律、法规保护。"

第3条规定："经营者为消费者提供其生产、销售的商品或者提供服务，应当遵守本法；本法未作出规定的，应当遵守其他有关法律、法规。"

根据上述法律规定，快餐厅向消费者提供餐饮商品及服务，属于《消费者权益保护法》规定的经营者；付某到快餐厅就餐，并在就餐后到该餐厅内设的游乐场玩耍，是一种生活消费行为，付某为《消费者权益保护法》

规定的消费者。

付某与快餐厅之间形成的是一种消费服务的法律关系。当事人双方的权利义务应当根据《消费者权益保护法》来确定，发生的纠纷适用《消费者权益保护法》。本案中，某快餐厅在其营业场所内设立游乐场，供前来就餐的儿童玩耍。该游乐场虽然不属于公共娱乐场所，也不属于社会上的有偿服务的场所，但它是该快餐厅向消费者提供的餐饮服务的一部分，是其为达到销售餐饮商品的目的而为消费者提供的一种配套服务，或者说是其提供的不同于其他餐饮经营者的特色服务。

《消费者权益保护法》第7条规定："消费者在购买、使用商品和接受服务时享有人身、财产安全不受损害的权利。消费者有权要求经营者提供的商品和服务，符合保障人身、财产安全的要求。"

第18条规定："经营者应当保证其提供的商品或者服务符合保障人身、财产安全的要求。

对可能危及人身、财产安全的商品和服务，应当向消费者作出真实的说明和明确的警示，并说明和标明正确使用商品或者接受服务的方法以及防止危害发生的方法。经营者发现其提供的商品或者服务存在严重缺陷，即使正确使用商品或者接受服务仍然可能对人身、财产安全造成危害的，应当立即向有关行政部门报告和告知消费者，并采取防止危害发生的措施。"

根据上述法律规定，该快餐厅对其提供的游乐场配套服务项目应当承担安全保障义务，保障消费者在接受该服务过程中的人身和财产安全。《消费者权益保护法》规定的由经营者承担的这种保障消费者人身和财产安全的义务，是一种普遍的义务，不同的经营者根据其不同的经营范围和项目，承担相应的具体义务。经营者不能以法律、法规对自己应当承担的具体义务没有明文规定为由，推卸责任。

也有人认为，目前，我国的法律、法规对餐饮业经营场所内设置的儿童游乐场是否应当派专人管理和承担安全保障义务，以及未成年人在娱乐过程中受到人身伤害的，餐厅是否应当承担法律责任，没有作出明确规定。该快餐厅对付某没有法定的或约定的看护义务，依法不应当承担赔偿责任。

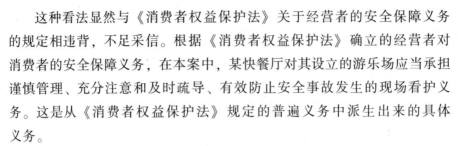

这种看法显然与《消费者权益保护法》关于经营者的安全保障义务的规定相违背，不足采信。根据《消费者权益保护法》确立的经营者对消费者的安全保障义务，在本案中，某快餐厅对其设立的游乐场应当承担谨慎管理、充分注意和及时疏导、有效防止安全事故发生的现场看护义务。这是从《消费者权益保护法》规定的普遍义务中派生出来的具体义务。

该快餐厅在其营业场所内设立的游乐场是供身高1.2米以下的儿童娱乐的。这些儿童显然是无民事行为能力人。作为无民事行为能力人，付某和其他在游乐场内玩耍的儿童不能预见自己行为的后果，也不能控制自己的行为。特别是在游乐场内发生拥挤的情况下，无行为能力人对当时的环境的危险性更缺乏判断和应付能力，需要他人的照顾。正是由于这种情况，更应当加重经营者的安全保障义务，使其对游乐场内的儿童承担看护责任。

在本案中，该快餐厅对游乐场未安排专人进行管理和疏导，违背了其作为经营者应当承担的安全保障义务。无论是其没有认识到自己的义务所在，还是其出于疏忽大意，轻信不会发生安全事故，快餐厅都有过错。付某在玩耍过程中被其他一同玩耍的小朋友推挤摔倒，造成骨折。这种损害后果的发生不能认为是某个小朋友的致害行为导致的，而是在拥挤情况下，游乐场内众多小朋友的合力作用产生的。此次事故虽然出于偶然，但和快餐厅不加管理或者疏于管理的过错行为存在直接的因果关系。

付某在没有成年人带领的情况下到某快餐厅就餐，并在就餐后到餐厅内的游乐场内玩耍。付某的行为本身没有过错。快餐厅对这种没有成年人带领的无行为能力人，不能以其监护人未履行监护职责，造成其脱离监护人监管为由，推卸自己的责任。相反，在这种情况下，快餐厅作为经营者应当对无行为能力的消费者承担更为严格的安全保障义务和看护责任。到游乐场内玩耍的儿童，不一定都有人带领。所以，餐厅应当安排专人对游乐场内的小朋友予以照顾。

快餐厅为商业目的在营业场所内设立游乐场，虽然具有创造舒适消费环境的善意，但其根本目的是为了招徕顾客，和其他经营者进行竞争。因此，其要对接受该项服务的儿童承担安全保障义务和看护责任。

在本案中，快餐厅显然忽略了自己的这种义务。未成年人或者说无行为能力人的法定监护人负有监护义务，但不能认为法定监护人必须形影不离地跟随被监护人。在日常生活中，被监护人脱离监护人监管的现象是普遍存在的。

在这种情况下，如果被监护人受到了伤害，不能仅以其脱离了监护人的监管就认为监护人没有尽到监护职责，还应当考虑监护人的监护职责在当时是否能够实际履行。如果能够实际履行而监护人怠于履行，则应当承担责任；如果不具备履行监护职责的条件，就不能要求监护人承担责任。

在本案中，付某独自一人到快餐厅就餐，其监护人即付某的父母不在身边，不具备履行其监护职责的条件。快餐厅在付某就餐和娱乐的过程中承担对付某的安全保障义务。这种义务在某种程度上是付某法定监护人的义务的暂时转移。快餐厅未尽到自己的安全保障义务，使付某受到伤害，应当承担损害赔偿责任，而不能以其监护人未尽到监护义务为由，要求监护人承担责任。

换言之，在付某与快餐厅的消费服务法律关系中，并不发生快餐厅与付某的监护人的混合责任问题，快餐厅应当在消费服务法律关系中承担自己的全部义务。至于付某身高超过了允许进入该游乐场的标准，违反了餐厅规定的问题，显然也是由于快餐厅未对该游乐场进行严格管理造成的。快餐厅仅提出了享受游乐场服务的限制性标准，但未采取相应的管理措施，使付某自由进入该游乐场。对此，该快餐厅应当自行承担责任，而不能以此为由拒绝承担损害赔偿责任。

综上所述，付某在某快餐厅内设的游乐场内受到人身伤害，是由于该快餐厅未尽到其安全保障义务造成的，和其他在游乐场内玩耍的小朋友无关，也和付某的监护人无关，该快餐厅应当承担全部的损害赔偿责任。

集体出游摔伤

【案例】

1998 年间，龚某与好友杨某、赖某共同出资购买"架空浏览车"一辆，

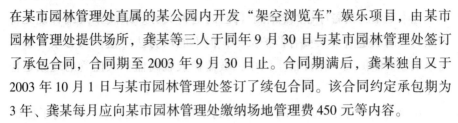

在某市园林管理处直属的某公园内开发"架空浏览车"娱乐项目，由某市园林管理处提供场所，龚某等三人于同年9月30日与某市园林管理处签订了承包合同，合同期至2003年9月30日止。合同期满后，龚某独自又于2003年10月1日与某市园林管理处签订了续包合同。该合同约定承包期为3年、龚某每月应向某市园林管理处缴纳场地管理费450元等内容。

2003年11月7日上午，某小学组织该校一至三年级学生到某公园秋游。学生离校前，班上教师对学生进行了秋游安全注意事项的教育。秋游中教师对学生开展各项活动进行了严格管理。休息期间，学生卓某等人私自脱离教师的管理，溜到公园内龚某出资并承包的"架空浏览车"处乘坐缆车。公园"架空浏览车"管理人员见卓某等学生到后，即将二人座位的浏览车安排了三个学生乘坐（含卓某在内），并未系上安全带；三人乘上"架空浏览车"后，管理人员未等前排浏览车走出安全距离，又将卓某等三人乘坐的缆车向前推进，造成后车尾随撞上前车，导致卓某从车上坠地，造成卓某"脾破裂，肾挫伤"。

卓某受伤后，教师与公园管理人员一道共同送卓某到某市立医院住院治疗，共花费医疗费1.1万元。卓某伤情经某市公安局法医鉴定为重伤。同年12月26日，卓某以某学校、某市园林管理处、龚某为被告向当地法院提起人身损害赔偿诉讼。

【法理分析】

我国《民法通则》第106条第2款规定："公民、法人由于过错侵害国家、集体的财产，侵害他人财产、人身安全的，应当承担民事责任。"最高人民法院《关于贯彻执行＜民法通则＞若干问题的意见（试行）》第160条规定："在幼儿园、学校生活、学习的无民事行为能力的人或者在精神病医院治疗的精神病人，受到伤害或者给他人造成损害，单位有过错的，可以责令这些单位适当给予赔偿。"

我国《教育法》和《未成年人保护法》也对未成年人的教育、保护问题作了原则规定。《未成年人保护法》第三章专门规定了对未成年人的学校保护职责。根据《教育法》和《未成年人保护法》等法律、行政法规中的有关规定，学校等教育机构违反对未成年学生教育、管理、保护等法定义务的情形主要包括学校组织学生参加教育教学活动或者校外活动，未对学生进行相应的安全教育，并未在可预见的范围内采取必要的安全措施的；学生在校期间突发疾病或者受到伤害，学校发现，但未根据实际情况及时采取相应措施，导致不良后果加重的等十二种情形。

如果学校出现了上述情形，则可以认为学校在主观上存在故意、疏忽大意或者过于自信的过错，属于学校责任事故，学校就应当承担与其过错相适当的赔偿责任。除上述情形外，判断学校是否有过错，只能依据国家法律、行政法规或者国家主管部门的有关规定。这些职责中，有的是属于学校负有的安全注意义务，如在组织未成年学生参加活动时疏忽大意，没有考虑未成年人的心理与生理特点，或者学校知道活动本身具有不应当由未成年学生面对和承担的危险，而没有加以注意等；有的是属于教育义务，如组织学生去春游前，要对交通安全等进行教育，将活动的风险通过教育的形式让未成年学生了解、注意等。

学校对未成年学生承担的是监护责任，还是教育、管理、保护责任，无论是在法学界还是司法实践中，都存在不同看法。在过去一些司法实践以及一些老百姓的观念中，不少人都认为对未成年学生负有教育义务的学校等教育机构承担一种具有一定的监护性质的责任，因此只要未成年学生在校园发生伤害事故，即可视情况决定学校适当地承担民事赔偿责任。

实际上，未成年学生与学校等教育机构之间的关系，从本质上讲，是一种教育关系，不是基于民事法律规定和血缘关系形成的父母以及其他监护人与未成年学生之间的监护关系，但寄宿制的学校除外。根据《教育法》和《未成年人保护法》等法律、行政法规以及最高人民法院有关司法解释的规定，学校等教育机构对未成年学生所负的是教育、管理和保护责任，而不是民事法律意义上的监护责任。

综上所述，根据我国法律规定，学校对未成年学生负有的是一种教育、管理和保护的职责，未尽上述职责造成未成年学生人身损害的，学校应当承担与其过错相适应的民事赔偿责任。学校为未成年学生的人身伤害以及造成他人伤害承担民事责任的基础，就是学校依照《教育法》取得的对学生的教育、管理和保护的权利与义务。学校未尽这种义务，应当承担民事责任。依照最高人民法院《关于贯彻执行＜民法通则＞若干问题的意见（试行）》第160条的规定，学校有过错的，应当承担适当赔偿责任；无过错的，就不承担赔偿责任。

本案中，被告某学校在进行秋游前，教师在班上对学生进行了秋游相关的安全教育，叮嘱学生在教师的指导下进行各项活动，学校在此尽了教育责任。但在秋游休息时，卓某不听教师的教育擅自脱离管理，私自跑到私人承包的游览车上游玩，因游览车管理人员操作过失造成卓某从车上摔下而受伤。学校和公园管理人员将受伤的卓某送到医院抢救，学校已尽了抢救和保护责任。

为此，从案情可以认定，被告某学校已按法定职责尽了学生秋游过程中安全保障、管理和教育的义务。被告某学校在整个秋游过程中不存在过错。因此，其不承担卓某摔伤的民事赔偿责任。卓某摔伤是由于游览车工作人员管理不力和操作失误造成的。损害赔偿责任应由游览车承包者龚某承担。游览车位于某市园林管理处下属的公园内，园林管理处对园内的游乐设施负有管理职责，负有保障园内游客人身、财产安全的义务，对卓某所受损害其应承担连带赔偿责任。

向青少年传播淫秽物品

【案例】

胡某是社会上的闲散人员，没有正式工作。2003 年 8 月，胡某在亲友的帮助下，在当地开办了一家录像厅。由于胡某不善于经营，录像厅的生意一直比较清淡，这让胡某十分焦急，终日里愁眉不展。一天，一个朋友到胡某经营的录像厅来闲聊，胡某禁不住向朋友诉起苦来。

朋友听了，嘲笑胡某不懂生意经。胡某纳闷地问起来："开个录像厅，有什么生意经啊？"

"你就不懂了！"朋友为胡某指点迷津："现在哪个录像厅不放点儿黄色的？不然的话，靠什么吸引观众啊？"

胡某恍然大悟。很快，胡某搞到了几盘淫秽光碟，在每天入夜后播放。果然，没过多久，录像厅的生意就有了起色。时间一长，连附近中学的学生都知道胡某的录像厅里有黄色录像看了。许多寄宿在学校的中学生半夜翻墙出来看录像。

眼看着收入一天天增加，胡某喜上眉梢。但俗话说得好："乐极生悲。"12月的一天晚上，正当胡某在录像厅里播放黄色录像时，被突击检查的公安人员逮了个正着。现场的观众里有半数以上是未成年人。

【法理分析】

所谓淫秽物品，是指具体描绘性行为或者露骨宣扬色情的淫秽书刊、影片、录像带、图片及其他物品。《未成年人保护法》第25条规定："严禁任何组织和个人向未成年人出售、出租或者以其他方式传播淫秽、暴力、凶杀、恐怖等毒害未成年人的图书、报刊、音像制品。"

第51条规定："向未成年人出售、出租或者以其他方式传播淫秽的图书、报刊、音像制品等出版物的，依法从重处罚。"

这里的"传播"包括出租、播放、出借、赠送、散发、展览、讲解、代购、邮寄等方式。

《刑法》中具体规定："一、以牟利为目的，传播淫秽物品的，处3年以下有期徒刑、拘役或者管制，并处罚金；情节严重的，处3年以上10年以下有期徒刑，并处罚金；情节特别严重的，处10年以上有期徒刑或者无期徒刑，并处罚金或者没收财产。

二、不以牟利为目的，传播淫秽物品，情节严重的，处2年以下有期徒刑、拘役或者管制。向不满18周岁的未成年人传播淫秽物品的，从重处罚。"

在认定淫秽物品时，应当与有关人体的科学著作以及含有色情内容的有艺术价值的文学、艺术作品区别开来，主要有以下两种情况：

一、有关人体生理、医学知识的科学著作不是淫秽物品。例如有关人体的生理解剖知识、生育知识以及其他有关性知识、性道德、性病医学的著作。

二、包含有色情内容的有艺术价值的文学、艺术作品不视为淫秽作品。例如有艺术价值的裸体绘画、雕塑等。

在本案中，胡某在其经营的录像厅里播放黄色录像，而且观众中有半数以上是未成年人。因此，胡某的行为构成了传播淫秽物品罪，应当从重处罚。

死刑的年龄界线

【案例】

华某和洪某都是某校初中二年级学生，今年都是 14 岁。两人平时酷爱上网打游戏，放学后经常一起去网吧。由于经常到网吧，网吧的老板和他们很熟悉，经常赊账让他们打游戏。不到半年时间，两人就欠下网吧老板 1000 余元。

一天，网吧老板找到华某和洪某，对他们说："限你俩两天之内必须把赊的账还清，否则不但不让你俩上网，还要向你们的父母要，并告到学校去让老师把你们开除。"怎么办呢？他俩经过一番商量，决定绑架同学，弄到钱还掉欠款。

第二天清晨，他们每人手持一把弹簧刀到了学校门口，看到一个穿着漂亮的女孩走过来，他俩迎上去便威胁女孩说："今天算你倒霉吧，你被绑架了，我们得让你父亲送 1 万元钱来。"随后，两人将该女孩（13 岁）押到一僻静处，按女孩提供的电话号码给女孩的父母打电话索要钱财。因索要不成，他们残忍地将女孩强暴。女孩说要报案，华某和洪某十分恐惧，竟将女孩杀死。

公安机关经过严密的侦查，很快地将华某、洪某二人逮捕。这个案件引起了广泛的关注。受害方要求将华某和洪某处以死刑，以此来警示那些违法犯罪、行凶作恶的未成年人。

【法理分析】

本案中，华某、洪某二人绑架、强奸、杀人，他们的行为具有很强的社会危害性，情节极其严重，应当依法受到刑罚处罚，但不会被判处死刑。

死刑是剥夺犯罪分子生命的刑罚，包括死刑立即执行和死刑缓期 2 年执行两种情况。因为死刑是以剥夺犯罪分子生命为内容，因此又称为"生命刑"。由于生命不同于人身自由，人身自由具有可恢复性，生命一旦被剥夺则不可恢复，所以死刑是所有刑罚中最为严厉的刑罚，故又称之为"极刑"。

我国《刑法》第 49 条规定："犯罪的时候不满 18 周岁的人和审判时候

怀孕的妇女，不适用死刑。"这里所说的"不适用死刑"，是指既不适用死刑立即执行，也不适用死刑缓期2年执行。因此，本案中，华某、洪某将不会被判处死刑。

我国《刑法》之所以规定对未成年人不适用死刑，是我国社会主义人道主义精神的体现。对于未成年人犯罪，即便是犯罪性质、情节、后果十分严重，但是由于行为人犯罪时尚未成年，责任能力不十分完备，其认识事物性质、后果、行为的意义的能力相对成年人而言较差，因而主观罪比犯同样罪的成年人相对要轻，因此，其刑事责任也相对要轻一些。而且，行为人尚未成年这一事实，就表明了行为人还有改造的可能，而只要有这种可能，就应当努力争取将其改造成为有益于社会的人。同时，我国对于未成年不适用死刑的规定，也是符合世界刑法通例的。

为何不公开审理？

【案例】

汪某（17岁）为某高中学生，家里开有一狗肉馆。为了获取更多的利润，汪某打算出去偷狗，遂向他人借了一支单筒猎枪。凌晨3点钟，汪某跑入孙某家里，想先将狗弄晕，不想被孙某发现。孙某冲出屋门欲抓住汪某，汪某见状，即向跑来的孙某开枪，击中孙某的下颌部，致其下颌骨完全性、粉碎性骨折，颈部动脉破裂，随即死亡。法院受理此案后，鉴于被告是未成年人，准备依法进行不公开审理。而孙某的家人认为汪某的行为恶劣，且社会影响较大，应当公开审理，于是向法院提出申请。

【法理分析】

所谓"公开审判"，是指法院在审理案件和宣告判决时都公开进行，公民可以到法庭旁听，新闻记者也可以采访和报道。公开审判是我国刑事审判的基本制度，其意义在于将审判置于公众的监督之下，保证诉讼过程和诉讼结果的公正。其基本要求是：除法律规定的几种特殊案件以外，所有的案件都应当公开审判。几种特殊案件就包括未成年人犯罪案件。

对未成年人犯罪案件不公开审理或一般不公开审理，主要原因有三点：首先，保证审判活动顺利进行。未成年人身心发育尚未成熟，如果公开审

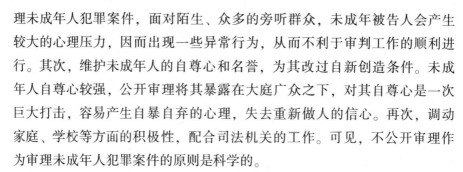

理未成年人犯罪案件，面对陌生、众多的旁听群众，未成年被告人会产生较大的心理压力，因而出现一些异常行为，从而不利于审判工作的顺利进行。其次，维护未成年人的自尊心和名誉，为其改过自新创造条件。未成年人自尊心较强，公开审理将其暴露在大庭广众之下，对其自尊心是一次巨大打击，容易产生自暴自弃的心理，失去重新做人的信心。再次，调动家庭、学校等方面的积极性，配合司法机关的工作。可见，不公开审理作为审理未成年人犯罪案件的原则是科学的。

《刑事诉讼法》第 152 条规定："14 岁周岁以上不满 16 周岁的未成年人犯罪的案件，一律不公开审理。16 周岁以上不满 18 周岁的未成年人犯罪的案件，一般也不公开审理。"一律不公开审理是指任何情况下都要不公开审理，否则就是违法的。而一般不公开审理是指在极个别特殊的情况下，可以对 16 周岁以上不满 18 周岁的未成年人刑事案件实施摧残的同时发生；且具有经常性、一贯性。如果是偶尔打骂子女则不能视为是虐待行为。

另外，从虐待的手段上来看又是多种多样的，包括：殴打、冻饿、禁闭、捆绑、有病不给治疗、强迫做过度劳动等肉体摧残折磨的手段；侮辱、咒骂、讽刺、凌辱人格、限制行为自由、不让参加社会活动等对精神进行摧残折磨的手段。虐待未成年人行为一般是出于故意，即有意识地对未成年人进行肉体和精神上的折磨和摧残，从而达到给被害人造成极大痛苦的目的。

根据现行法律，未成年人从出生时起，就享有受到父母或者其他监护人抚养、照顾的权利。《宪法》第 49 条规定："婚姻、家庭、母亲和儿童受国家的保护；父母有抚养教育未成年子女的义务。"无论在家庭还是在社会，未成年人都属于弱势群体，父母或者其监护人虐待未成年子女不仅严重背离了其对子女应尽的义务，更使未成年子女的生命健康受到严重威胁和损害。为了保障未成年人的合法权益，《未成年人保护法》第 8 条规定："父母或者其他监护人应当依法履行对未成年人的监护职责和抚养义务，不得虐待、遗弃未成年人；不得歧视女性未成年人或者有残疾的未成年人。"第 52 条又规定："遗弃、虐待情节严重的，则分别构成遗弃罪、虐待罪，依法追究刑事责任。"具体而言，我国法律对虐待行为有如下几种处理方式：

第一，虐待未成年人情节恶劣的，构成虐待罪，由人民法院依法追究虐待者的刑事责任。所谓情节恶劣是指虐待持续时间长、手段残酷、动机卑鄙的；虐待老人、儿童、患重病或残疾而不能独立生活的人；因虐待受过多次批评教育而不思悔改的；先后虐待多人，因而引起公愤的等。《刑法》第260条规定："虐待家庭成员，情节恶劣的，处2年以下有期徒刑、拘役或者管制；犯前款罪，引起被害人重伤、死亡的，处2年以上7年以下有期徒刑。没有引起被害人重伤、死亡的虐待罪，告诉的才处理。"所谓"告诉才处理"，是指受虐待的未成年被害人必须到人民法院对父母或其他家庭成员的虐待行为提出控告，人民法院才追究行为人的刑事责任。未成年被害人没有提出控告的，法院不主动追究行为人的刑事责任。但如果未成年被害人因受到强制、威吓无法告诉的，人民检察院或未成年人的近亲属也可以告诉。

第二，虐待行为尚不构成犯罪的，受虐待的未成年人也可以向公安机关反映，要求处理。

第三，父母虐待未成年人经教育不改的，人民法院可以根据有关人员或有关单位的申请，撤销其监护人的资格，并依照《民法通则》第16条规定，另行确定监护人。

第四，根据《民法通则》第41条的规定，被父母或者其他监护人虐待的未成年人，还可以向民政部门、未成年人保护组织或者学校、居委会等请求保护。

保护未成年人是全社会的共同责任。因此，学校、教师、居委会、亲友等组织或个人发现未成年人受到父母虐待时，不能将此事当做他人的家务事而袖手旁观，应主动干预和制止虐待行为，对实施虐待行为的父母进行批评和劝阻。对严重的虐待行为，还应当向当地公安机关报告，由公安机关进行处理。构成犯罪的，还应当积极协助支持被虐待的未成年人向法院起诉，帮助他们运用法律来维护自己的合法权益。

在本案中，被害人朱甲是一名年仅8岁的未成年儿童，自幼患有癫痫病，完全丧失生活能力。父母离异后，其父在抚养他期间，虽然没有对其进行打骂、侮辱等行为，但朱某未能尽到父亲的责任，对患病的儿子疏于照顾，常常置之不理，使朱甲长期处于饥饿以及缺药的情况下，遭受着肉

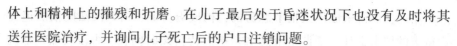

体上和精神上的摧残和折磨。在儿子最后处于昏迷状况下也没有及时将其送往医院治疗，并询问儿子死亡后的户口注销问题。

可见，朱某对于朱甲的死亡存在主观上的故意，其最终的目的就是想使朱甲死亡，因此朱某的行为构成虐待罪，且情节严重，导致朱甲死亡，因此根据《刑法》的规定应当给予朱某 2 年以上 7 年以下的有期徒刑的判罚。

在此我们应当注意的一个问题是，对于父母管教孩子一般的行为是父母的义务，并不构成虐待罪，即使是父母管教子女的方式错误，但只要是对子女的身心妨碍并不是长期的、持续的，使子女利益的受损少于其获益的，不认为构成虐待罪。

能否不出庭质证？

【案例】

王某（女，14 岁）是某中学初一年级学生。王某所在学校要求所有学生必须参加有老师辅导的晚自习。每天晚自习结束后，王某的父母都轮流到学校门口接她，以防晚上女孩子一个人走夜路，出什么危险。2003 年 9 月的一天晚上，晚自习结束后，已经将近 10 点了。王某像往常一样来到校门口，却没有见到按时等候在那里的父母。原来王某的母亲因为单位有急事，脱不开身，所以耽误了接她。王某在校门口徘徊了 10 多分钟，终于等不下去了，独自一人走上了回家的路。

当王某走到离家仅几百米的一个胡同里时，她感觉到背后似乎有人跟随。王某骤然地转过头，胡同里空荡荡的，只有她一个人。就在她刚刚转过身，准备继续赶路的时候，一只有力的手捂住了王某的嘴，将她拖向阴暗的角落里。王某拼命地挣扎着，但无济于事。她被一个身强力壮的男人按倒在地上。王某用尽全身的力气和对方厮打。

对方看王某不肯屈从，便凶残地挥拳猛击王某的头部。王某感到一阵眩晕，昏死了过去。当她再度醒来的时候，发现自己下身赤裸着，隐隐作痛，一个男人正站在旁边提裤子。王某大声叫喊起来："救命啊！救命啊！快来人啊！"

男人闻声，仓皇逃窜。王某被闻声赶来的邻居护送回了家。父母见到王某的样子，都惊呆了。听王某诉说了事发的经过，父母和邻居立即陪同她到附近的派出所报了案。

根据王某的回忆，公安机关很快将犯罪嫌疑人逮捕归案。检察机关以强奸罪对犯罪嫌疑人提起公诉。在人民法院审理本案的过程中，根据《刑事诉讼法》的规定，要求王某出庭作证。可是，那晚发生的事情，就像一场噩梦一样，给王某造成了巨大的心灵创伤，让她不堪回首。直到现在，王某都不愿意向任何人提起，更别说面对歹徒去陈述事发的经过了。所以，王某无论如何都不愿意出庭作证。

为了避免孩子在精神上受到更大的刺激，承受更大的痛苦，王某的父母恳求法庭允许王某提供书面证言：本人不出庭质证。法庭经过慎重考虑，从保护未成年人合法权益，有利于其健康成长的角度出发，同意了王某父母的请求。根据王某的书面证言以及其他证物，本案顺利审结，犯罪嫌疑人被依法定罪判刑。王某和父母带着对法官的感激之情，将一封感谢信送到了法院，感谢法官既为受害人伸张了正义，又保护了一个孩子稚嫩而脆弱的心灵。

【法理分析】

《未成年人保护法》第4条规定："保护未成年人的工作，应当遵循下列原则：（一）保障未成年人的合法权益；（二）尊重未成年人的人格尊严；（三）适应未成年人身心发展的特点；（四）教育与保护相结合。"

第5条第2款规定："保护未成年人，是国家机关、武装力量、政党、社会团体、企业事业组织、城乡基层群众性自治组织、未成年人的监护人和其他成年公民的共同责任。"

在本案中，法庭从保护未成年人合法权益，有利于其健康成长角度出发，允许受害人王某不出庭质证，而是通过提供书面证词，揭露犯罪，既有效地打击了犯罪，将犯罪分子绳之以法，又避免了给受害的未成年人造成更大的精神痛苦。这种做法是十分可取的，体现了关怀和保护未成年人的法律精神。

根据我国《刑事诉讼法》第47条的规定："证人证言必须在法庭上经过公诉人、被害人和被告人、辩护人双方讯问、质证，听取各方证人的证

社会篇

言并且经过查实以后，才能作为定案的根据……"。因此，作为诉讼参与人的被害人和证人一般情况下应出庭质证。但是，未成年被害人、证人由于不能完全适应控辩式庭审当庭质证的模式，而且这一模式对其合法权益也可能会带来不利影响。因而，从保护未成年人的合法权益，体现立法精神来讲，未成年被害人、证人以有条件地不出庭质证为宜。理由如下：

一、不出庭质证有利于保护其合法权益。

未成年被害人、证人思想尚未成熟，在遭受或目击一些暴力性等犯罪之后，身心都会受到严重创伤，大多有"往事不堪回首"的感受。因对犯罪分子心存畏惧或顾及个人前途、名誉而不敢或不愿公开揭露、证实犯罪，是无可非议的。因此，司法机关应充分理解未成年人被害人、证人及其亲属的这种心态，在办案中既要有力地打击犯罪，又要切实维护未成年被害人、证人的合法权益，在庭审中除非必要，应尽量允许未成年人被害人、证人不出庭质证。尤其是对身心直接受到创伤的未成年被害人，更应如此。

二、不出庭质证既符合未成年人身心成长的特点，也有利于刑事诉讼。

从未成年人的心理看，不少人已经具备一定的辨别是非和表达思想的能力，初步具备了作为案件证人的条件，但与成年人相比，他们看待、处理问题又往往有简单化、表面化的倾向，自我辩解和临场应变能力相对较弱，思想不够稳定，言行易受外界感染而多变。

因此，要他们在庭审中面对被告人，回答公诉人、辩护人的一系列发问，当庭质证，显然超越了其思想认识和心理承受能力，他们在接受质证，回答问题时会产生似是而非、模棱两可或颠三倒四、反反复复等情况，这无疑不利于证据的固定和公诉机关揭露犯罪，从而影响刑事诉讼的顺利进行，损害国家法律的严肃性。相反，不采取当庭质证方式，而是在庭外进行调查取证，由于没有现场的紧迫感，未成年被害人、证人回答问题会从容一些，思路也会清楚一些，从而更加有利于证据的固定和庭审对此类证据的质证。

三、不出庭质证符合立法本意。

由于未成年人社会经验欠缺，判断和辨别能力较弱，自我保护能力也相对较弱。鉴于此，《刑事诉讼法》充分体现了对未成年被告人合法权益的保护。《刑事诉讼法》第14条第2款、第34条第2款和第152条第2款分别规定了未成年犯罪嫌疑人、被告人在接受讯问和审判时，其法定代理人可以到场；未成年被告人未委托辩护人的，法院应当为其指定辩护人；对14岁到16岁未成年人的犯罪案件一律不公开审理，16岁到18岁未成年人的犯罪案件，一般也不公开审理。同时，《刑事诉讼法》也体现了对案件中确有理由不能出庭质证的未成年被害人、证人合法权益的保护。《刑事诉讼法》第157条规定："……对未到庭的证人的证言笔录……，应当当庭宣读"。

由此可见，《刑事诉讼法》考虑了证人因身在外地、患病、负有重要任务或涉及被害人隐私以及有其他正当理由不能到庭作证的合理性和可能性。换言之，如果案件涉及未成年被害人、证人的隐私等，被害人、证人就可以不出庭质证。此外，《刑事诉讼法》第47条强调必须经参与庭审各方讯问、质证的是证人的证言，而并未强调被害人、证人在任何情况下都必须出庭作证。这些规定，体现了立法的原则性和灵活性的有机结合，也体现了法律对包括未成年被害人、证人在内的诉讼参与人合法权益的保护。

因此，未成年被害人、证人有条件地不出庭质证符合立法本意，是于法有据的。但是，《刑事诉讼法》中却没有专门的法律条文来明确规定未成年被害人、证人是否可以不出庭质证。因此，在具体执行时可能会出现不加区别地让所有案件的未成年被害人、证人出庭质证，损害其合法权益的情况。针对未成年被害人、证人出庭质证可能带来的种种弊端，有必要在关于具体实施《刑事诉讼法》的司法解释中对此作明确规定，以切实保护未成年人的合法权益，更好地体现《刑事诉讼法》立法本意。

四、不出庭质证不会影响案件的质量。

只要采取必要措施，提高取证意识、水平和合法性，未成年被害人、证人不出庭质证，并不会影响证据的收集和准确定性。因为案件定性的准确与否关键是事实是否清楚，证明被告人犯罪的证据是否充分确凿，证据取得的途径、手段是否合法。被害人、证人作为诉讼参与人，其当庭陈述及证言是重要证据之一，但不是唯一证据；被害人、证人出庭质证是司法机关获取证据和审查证据的一种方式，但不是唯一的方式，其不出庭，司

社会篇

法机关对其也能调查取证，而且庭前取得的证据客观、真实性比较强，有利于案件的审理，并不会因其不出庭质证而影响案件的审理。因此，凡是对未成年被害人、证人身心伤害大的案件不宜让他们出庭质证。

从司法实践看，抢劫、伤害、杀人、敲诈勒索、强奸、绑架或拐卖儿童、强迫未成年人卖淫、非法拘禁、虐待、强迫未成年人吸食、注射毒品等犯罪案件中的未成年被害人不宜出庭质证，这些案件中的未成年证人一般也以不出庭质证为宜；当然，被害人、证人愿意或主动要求出庭的则不应加以限制。

企业非法雇工

【案例】

董某（男），某中学学生，由于厌学情绪十分严重，多次严重违反校规，2002年5月，最终被学校作劝退处理。董某的父亲是某机械厂工人，为了不让儿子整天游手好闲，在其再三恳求下，厂里招用了董某，此时董某只有14岁，工厂与董某没有签订正式的用工合同。

2003年2月，某机械厂与某轴承厂合资成立了某机械有限公司，董某被调去任冲压操作工。由于没有进行必要的岗前安全技术培训，同时董某所用的机器已经3年没有彻底检修且没有安装安全防护装置，在超负荷运转下，最终导致机器失控，董某左手3根手指被机器切下。

事后，在董某劳动关系的归属和工伤待遇及伤残治疗上，出现了机械厂与机械有限公司相互推诿的现象。于是董某向该市劳动仲裁委员会提起申诉。

【法理分析】

所谓童工，是指不满16周岁与单位或个人发生劳动关系、从事有经济收入的劳动或者从事个体劳动的少年儿童。为了保护未成年人的身心健康，促进义务教育的实施，我国有关法律和招工政策，将最低就业年龄定为16周岁，并明令禁止使用童工。

《未成年人保护法》第28条规定："任何组织和个人不得招用未满16周岁的未成年人，国家另有规定的除外。""国家另有规定的除外"是指文艺、体育和特种工艺单位可以招用未满 16 周岁的未成年人。但在招用的同时必须依照国家有关规定，履行审批手续，并保障其接受义务教育的权利。

同时《义务教育法》第 11 条规定："禁止任何组织或者个人招用应接受义务教育的适龄儿童、少年就业。"《妇女权益保障法》第 22 条特别规定禁止招收未满 16 周岁的女工。而对于年满 16 周岁、未满 18 周岁的未成年人，如果完成了规定年限的义务教育，不再继续升学的，依法可以从事有经济收入的劳动或者个体劳动，即年满 16 周岁后，才具有劳动权利。

在本案中，某机械厂明知董某未满 16 周岁但在董某的父亲一再坚持和恳求下，出于照顾老工人的考虑，招用了董某，虽然有一定的客观原因，但是其招用童工已经构成事实，违反了国家禁止招用童工的规定，因此对于董某在工作中因意外事故而致残负有责任。

同时董某发生工伤事故是在某机械有限公司的工作之中，没有与公司签订劳动合同，虽然是某机械厂调派的，但是他与机械有限公司之间存在用工与被用工关系，所以，机械有限公司同样对董某因工致残负有责任。

综上所述，机械厂和机械有限公司必须对董某因工致残共同承担赔偿责任，其中包括董某的医疗费、药费、住院费等一切治疗费用。同时董某医疗终结后，机械厂应依据董某的工伤致残情况，报请劳动鉴定委员会确定其伤残程度并发给董某伤残抚恤费。另外，董某与某机械有限公司的劳务关系必须立即终止。

16 岁少年找工作

【案例】

16 岁的陈某初中毕业，因没考上高中，他无法继续升学。征得父亲同意后，陈某开始找工作，在一则招聘广告中看到某公司招聘送水工，其条件完全符合，这个工作他完全能够胜任。他按要求带上本人材料来公司应聘。两天后，他在公司的录用人员名单上没有看到自己的名字，便向人事部询问，工作人员告诉他，因为他的年龄小，是未成年人，不能参加工作，所以这次没有录用。陈某认为该公司歧视未成年人，遂向劳动部门反映，要求予以处理。

【法理分析】

本案涉及到未成年人能否做工以及政府有关部门如何为未成年人就业提供帮助等法律问题。关于未成年人能否参加工作的问题，我国有明确的法律规定。《未成年人保护法》第37条规定："未成年人已经接受完规定年度的义务教育不再升学的，政府有关部门和社会团体、企业事业组织应当根据实际情况，对他们进行职业技术培训，为他们创造就业条件。"该法第28条又规定："任何组织和个人不得招用未满16周岁的未成年人，国家另有规定的除外。"

可见，未成年人能否参加工作取决于他是否达到一定的年龄，凡是满16周岁的未成年人，都可以参加工作，各相关单位和个人可以招用他们。但未成年工毕竟不同于成年工，他们在工作中应依法受到特别保护。另外，未成年工也不同于童工。童工是指不满16周岁的未成年工人。招聘、使用童工是我国法律严令禁止的行为。所以不能将未成年工与童工等同。

已满16周岁的未成年人虽然依法能够参加工作，但要顺利实现他们的就业权利却并非易事，因为我国劳动力资源特别丰富，而就业渠道十分有限，供求矛盾差距较大，许多不愿继续再升学的未成年人，不可能一出校门就进厂门，需要在家待业。

在这种情况下，各级人民政府和社会组织应当有针对性地做好待业未成年人的思想情绪稳定工作，扩大就业培训规模，广开就业门路，积极安置未成年人就业。同时，依法保护未成年工享有的各项劳动权利。未满16周岁的未成年人一旦参加了工作，即享有《劳动法》规定的各项劳动权利，任何单位和个人不得侵犯或剥夺他们的这些权利。

根据《劳动法》第3条的规定，未成年工和成年工一样享有下列劳动权利：就业的权利；选择职业的权利；取得劳动报酬的权利；休息、休假的权利；获得劳动安全卫生保护的权利；接受职业技术培训的权利；享有社会保险和福利的权利；提请有关部门解决劳动争议的权利。本案中，未成年人陈某已满16周岁，有参加工作的权利。但能工作并不等于一定能找到工作，因为用人单位也有权根据自己的需要录用、招聘职工，他们并没有一定要招收未成年工的义务。所以，陈某找不到工作并不是他自己或用人单位的错误。

解决这一问题的关键在于政府和有关部门，他们应当在广开就业门路、拓宽就业渠道上下功夫，在就业培训和就业指导上下功夫。这样才能切实解决未成年人的就业安置问题。

正确面对生活中的《古惑仔》

【案例】

一部香港电影《古惑仔》曾经风靡一时。那些混迹于黑社会中的青少年终日里寻欢作乐、打打杀杀的形象吸引了不少青少年。因为他们在无形中迎合了青少年的某种心理：重感情、讲义气、放荡不羁、特立独行、争强好胜、唯我独尊。于是，一些尚未成年的孩子也模仿起了"古惑仔"，他们像"古惑仔"那样标新立异，我行我素，在各种"另类"的行为中得到了满足。但是，这些"另类"的行为却让家长和学校忧心忡忡、苦恼不堪。

不久前，某城市的有关部门举行了一场帮助"古惑仔"专题现场咨询会。100多名"古惑仔"的家长赶到咨询现场，向专家倾诉来自自家"古惑仔"的烦恼。一位年轻的母亲伤心地诉说，孩子在读初二时受到欺负，后来跟学校的一个"老大"混在一起。有一次两个"古惑仔"欺负儿子时，"老大"出手相助，儿子因此大为感动，觉得还是跟着"老大"安全。从此就整天跟着"老大"四处游荡、打架，不谈学习，成了不折不扣的"古惑仔"。对此，无论是家长还是学校都束手无策，这位母亲更是为了儿子寝食难安。

另一位家长则告诉专家，他的孩子是某中学的初三学生。按照他的说法，孩子是铁定进重点高中的了。可是不久前，他发现孩子开始抽烟，经常穿奇怪衣服。他好心劝说，没想到孩子还是和一帮青年揍了一个低龄同学，学校为此准备开除他。对此他百思不得其解，更不知道要如何帮助孩子改掉坏毛病。

有些"古惑仔"的行为让人触目惊心。参加咨询的专家说，从家长的

社会篇

叙述中，有些"古惑仔"已无法自拔，怪异行为让人匪夷所思。

据了解，"古惑仔"对校园周围的安全也造成极大隐患，但现在公安等部门处置起来十分棘手。由于一些"古惑仔"团伙勒索学生钱财、收取保护费，数量都比较小，达不到刑事立案标准，且调查取证难度大，很多情况下只能以一般治安事件处理。参加这类团伙的"古惑仔"普遍在13～15岁之间，属于《未成年人保护法》保护范围，公、检、法、司等对是否逮捕"古惑仔"或送少管所存在不同认识，这为"古惑仔"的生存、发展提供了空间。

很多老师反映，"古惑仔"在收取学生保护费后，很多受害孩子宁可自己解决，也不敢开罪"古惑仔"。当地公安局曾对1000名在校中学生进行调查，结果表明，如果受到勒索，只有21.4%的学生会向家长、校方或警方求助，而大多数学生则选择交钱换平安。而钱的来源多是攒、借，甚至偷窃。这样，一个新的"古惑仔"就出现了。

【法理分析】

在广州等经济比较发达的大都市中，经常可以看到这样一些青少年：他们不爱读书，喜欢奇装异服，耳上钻孔，裤子挖洞，讲"义气"，爱打架，外表古里古怪，脾气喜怒无常。这样一群行为有些"另类"的青少年，社会上一般称为"问题青少年"，在广州和香港等地则被称为"古惑仔"。

"古惑仔"是粤语独有的一个词，本意是指狡猾精明，后来引申为对具有某类怪异行为的青少年的称谓。事实上，"古惑仔"这个群体一直都存在，只不过20世纪八九十年代香港拍摄的一系列《古惑仔》电影出现之后，人们才对这个群体有更直观的认识。"古惑仔"在人们的言谈之中多少带有些贬义，被当做"另类"的代名词。

对于"古惑仔"，学术上并没有具体的界定，但是总结近年来的有关调查研究就可以发现，这个群体具有以下特点：标新立异的生活方式，出人意料的行为举止，引人注目的着装打扮，张扬出位的率直个性，游戏人生的享乐精神。他们中的很多人抽烟、喝酒、打架、泡吧、蹦迪，成为让家长和学校都很头痛的一个群体。有关调查显示，"古惑仔"的年龄段一般在12～18岁之间，虽然没有具体的统计数字，但这个群体的数量正在不断增加。

教育界有关专家认为，在广州等经济比较发达的大都市，青少年有机会接触各种新鲜、时尚、另类的东西，所以较之经济落后的地方更容易产生"古惑仔"。目前在广州等大都市，"古惑仔"已是一个不容忽视的群体。中国青少年犯罪研究会一项统计表明，近年来青少年犯罪总数已占全国刑事犯罪总数的70%以上，其中十五六岁"古惑仔"犯罪案件又占到青少年犯罪案件总数的70%以上。

专家指出，目前"古惑仔"现象还不是一个太大的社会问题，但是这个群体对于家庭的破坏力远远大于对社会的影响。近年来出现的种种个案表明，很多家庭中一旦出现一个"古惑仔"，就会给家长造成很大的压力，家庭的生活节奏被打乱，整个家庭都会因此受到冲击。一些青少年问题专家和社会学家认为，"古惑仔"现象是一种青春期非主流的青年次文化，因较为迎合青少年的好奇心而引起了不少青少年的仿效。而"古惑仔"的出现有来自青少年自身、学校、家庭和社会等各个方面的原因。

首先，从青少年自身而言，处于这个年龄段的青少年很好动，好奇心强，对很多事情都很想尝试。他们心智不成熟，自我控制能力较差，加上精神上无所寄托，很容易迷失自我，对道德观、价值观等存在某些不正确的认知，而这些不正确的认知往往通过某种破坏行为来表现。

"问题青少年"的出现其实有很大部分是心理原因引起的。十几岁的青少年正是上中学的阶段，小时候他们崇拜父母和老师。但是上了中学之后，他们逐渐发现其实父母和老师也不一定就是对的，这时他们的信仰开始出现偏差。这个年龄段的青少年想证明自己已经长大成熟，往往就会通过打架、抽烟、喝酒等极端的方式来表现。

一名叫力仔的男孩从初中二年级开始和一群"古惑仔"混在一起。他说，他小学毕业考了班上前10名，攒足了劲要在初中好好读书，可几次都考得一塌糊涂。数学老师在班会上嘲笑他，让他觉得世界上所有的人都看不起他。于是他发誓说："我读书别人瞧不起，我就打架给你们看看！"从此，成了一名"古惑仔"。

事实上，很多"古惑仔"都知道自己的一些行为是错误的，但又忍不住这样做。多数"古惑仔"都是因为被人遗弃、歧视而开始自甘堕落。他们成为"古惑仔"的理由十分简单，要么报复他人，要么让人知道自己的

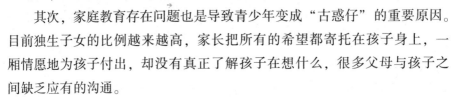

"厉害"，在耀武扬威中证明自己的"能力"。

其次，家庭教育存在问题也是导致青少年变成"古惑仔"的重要原因。目前独生子女的比例越来越高，家长把所有的希望都寄托在孩子身上，一厢情愿地为孩子付出，却没有真正了解孩子在想什么，很多父母与孩子之间缺乏应有的沟通。

一些青少年每天与家长的沟通时间不足 15 分钟，有些孩子甚至因为无话可说而不愿意和父母同桌吃饭。在这种情况下，家长根本不可能知道孩子在想什么。此外，家长的教育方式不当也会导致孩子出现各种偏差行为。管教过严和放任自流是家庭教育的两个极端。家长如果事事限制孩子，使孩子难以承受，他们出于逆反心理就很容易通过另类的行为来表示反抗。而如果对孩子放任自流，孩子又有受到漠视和冷落的感觉，为了引起父母的注意，他们也会做出各种"另类"行为。

某学校有名初一女生很爱打扮，喜欢逛迪厅，成绩又不好，父母经常打她。每挨一次打，她就在床板上刻一道印子，发誓长大后一定要报复。老师劝过家长，不要老打孩子，但家长不听，结果孩子毕业后就和一些不三不四的人混在一起，后来因为卖淫锒铛入狱。

第三，学校重智轻德育，对于青少年行为举止的规范教育还远远不够；学校对学生的行为规范以说教为主，只是用行政手段来禁止学生各种行为，这样反而会引起学生的逆反心理。青少年处于一个叛逆的年龄，具有很强的反叛意识，对于青少年出现的各种心理、行为问题，学校如果只是禁止而不能给予有效的指导，就会在学生中产生一种反效果。学校应该多对青少年和家长进行一些心理保健方面的宣传和培训，提高青少年的自我心理健康保健意识。学生一旦心理出现问题，应该主动寻求帮助。

第四，社会上一些成年人价值观发生扭曲，社会丑恶现象给青少年的成长带来了负面的影响。某些腐朽的生活方式影响了未成年人的道德观和价值观，不利于青少年的健康成长。调查显示：某些成年人赌博、嫖娼的恶习对青少年的成长造成了很不好的影响。青少年赌博、打架、看黄色录像的现象与成年人社会的影响有重要的关系。此外，媒体的报道，包括影视、网络上一些不良信息的传播也给青少年带来了不良的影响。

由于商业利益的推波助澜，一些不健康的文化对青少年的思想造成很大的冲击，使他们良莠不分，盲目模仿。虽然"古惑仔"这个群体在逐渐增长，给家庭和社会带来了各种各样的影响，但当前社会普遍缺少对"古惑仔"的关心。"古惑仔"现象应当引起足够的重视。帮教"古惑仔"是一个需要家长、学校以及社会方方面面共同努力的社会系统工程。

我国《未成年人保护法》第10条规定："父母或者其他监护人应当以健康的思想、品行和适当的方法教育未成年人，引导未成年人进行有益身心健康的活动，预防和制止未成年人吸烟、酗酒、流浪以及聚赌、吸毒、卖淫。"面对"古惑仔"这种家庭和社会问题，作为父母和其他监护人，不应当消极对待，而应当积极地履行法律规定的家庭教育职责，以适当的方式教育和引导未成年人。

"古惑仔"行为是青春期这个特定阶段所具有的，一旦孩子过了这个年龄，自然就不会再有这些行为。而对于抽烟、酗酒、打架斗殴等行为，父母应该给予适当的引导，多与孩子沟通，让他们认识到长远的成长目标，而不只是沉迷于眼前短暂的快乐。

《未成年人保护法》第13条规定："学校应当全面贯彻国家的教育方针，对未成年学生进行德育、智育、体育、美育、劳动教育以及社会生活指导和青春期教育。学校应当关心、爱护学生；对品行有缺点、学习有困难的学生，应当耐心教育、帮助，不得歧视。"

对于"古惑仔"这样的问题青少年，学校首先应该把他们当成一个正常的学生来看，而不应另眼相待，不要对他们有任何语言上的伤害，更不能在同学的面前伤他们的自尊心。因为青少年争强好胜的性格往往使他们更容易受到伤害。同时，学校应该组织有关的培训，提高教师的专业指导水平，让教师在碰到这种"古惑仔"现象的时候可以对症下药。

事实上很多老师都只知道教给学生理论知识，但对于他们生活上、思想上出现的问题却不知如何解决。有这样一个例子：某学校有一名13岁的男孩，这名男孩在学校喜欢打架闹事，但是老师并没有对他进行严厉的批评，而是经常跟他聊天，还让他当组织委员负责组织班里的各种活动。从此以后这名男孩很用心地去做组织委员的工作，也不再打架闹事，因为他觉得打架闹事不是一个组织委员应该做的。由此可见，老师的因势利导往往比严厉的批评有效得多。

根据我国《未成年人保护法》的规定，国家鼓励社会团体、企业事业组织和其他组织及公民，开展多种形式的有利于未成年人健康成长的社会活动；各级人民政府应当创造条件，建立和改善适合未成年人文化生活需要的活动场所和设施；博物馆、纪念馆、科技馆、文化馆、影剧院、体育场（馆）、动物园、公园等场所，应当对中小学生优惠开放；营业性舞厅等不适宜未成年人活动的场所，有关主管部门和经营者应当采取措施，不得允许未成年人进入。

目前青少年可以去的场所还不多，社会应该提供给青少年更多的活动空间。例如由政府在社区里无偿提供场地和设备组建青少年活动中心，由专业的人才进行管理，让青少年在课余有足够的空间进行有益的活动。目前社会对于"问题青少年"这个群体的关怀还不够，专业的研究机构很少，而能够提供帮助的主要是一些分布在大学里的心理咨询机构。政府有关部门应该加大宣传力度，纠正人们的观念，使心理咨询得到认可和接受。同时加大投入力度，使各种帮教青少年的机构能够形成气候，得到人们的重视，充分发挥帮教的功能。

看电影时因拥挤被踩死伤

【案例】

为了丰富文化生活，某学校组织全体学生去该县某电影院看电影。由于学生人数较多，难于管理，进场缓慢，当最后两个班正在进入观众厅双号通道时，电影已正式开始放映，电灯熄灭，一时秩序大乱，学生急于入座，你推我搡，挤成一团，不时有人发出尖叫。尽管有老师马上前去维持秩序，但由于电影院未将灯光打开，现场极为混乱，拥挤中导致学生徐某被踩踏死亡，另有轻伤一人。学生家长以电影院和该学校为被告，向当地人民法院提起诉讼，要求赔偿。学校则认为自己没有过错，拒绝赔偿。

【法理分析】

本案事故发生在电影院中，而非发生在学校里，那么学校应否承担赔偿责任？根据《学生伤害事故处理办法》的规定："学校责任事故是指学校由于疏忽或过失，未尽到相应的教育管理职责而造成学生的伤害事故，学校承担过错责任。它包括学校提供的教育教学设施、设备不符合国家安全标准或有明显的不安全因素；学校的管理制度存在明显疏漏或者管理混乱，存在重大安全隐患；学校教职工在履行教育教学职责中违反有关要求及操作规程；学校组织课外活动时未进行安全教育或未采取必要的措施；学校统一提供的食品、饮用水不符合安全及卫生标准；学校知道及应该知道学生特异体质、疾病，而在教学活动中没有给予应有的注意；学校违反规定安排未成年人从事不适宜未成年人的活动。

《学生伤害事故处理办法》第9条规定："学校组织学生参加教育教学活动或者校外活动，未对学生进行相应的安全教育，并未在可预见的范围内采取必要的安全措施的，学校应当承担相应的责任。"所以学校应当对事故的发生承担责任，教育行政部门可以对学校校长等直接责任人员予以适当的行政处分。

本案中，学校在组织学生参加大型集体活动时，应当做好一切准备工作，特别是有教育经验的人应当意识到学生在入场时如果不按一定的秩序，很容易发生拥挤和互相踩踏的情况，这就需要学校做好以下几项工作：第一，应当提醒学生在入场时严格遵守纪律，按顺序入场，在发生意外事件时不要慌乱；第二，在电影院中设置引导员，安排学生按顺序入座；第三，与电影院做好交流工作，对其应注意的事项做好准备工作、提出一定的要求。但是，由于学校对活动的性质认识不足，没有做好准备工作和组织工作，未尽到对学生的监护和照管义务，学校对事故的发生主观上存在有明显的过错。

《学生伤害事故处理办法》第11条规定："学校安排学生参加活动，因提供场地、设备、交通工具、食品及其他经营与服务的经营者或者学校以外的活动组织者的过错造成的学生伤害事故，有过错的当事人应当依法承担相应的责任。"电影院是为公众提供休闲娱乐的经营场所，应为按规定购票的观众提供安全的观看场所，做好维持秩序的组织工作等职责。尤其学校组织学生看电影时，更应该做好相应的防范措施，尽可能地提供便利，以帮助学校顺利地完成此次集体活动。

在本案中，电影院在学生尚未全部入座的情况下关闭了播放大厅的电灯，从而使学生由于急于入座而发生了拥挤；在黑暗中，老师也很难实施

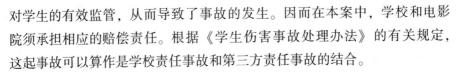

对学生的有效监管，从而导致了事故的发生。因而在本案中，学校和电影院须承担相应的赔偿责任。根据《学生伤害事故处理办法》的有关规定，这起事故可以算作是学校责任事故和第三方责任事故的结合。

在本案中，学校和电影院应当按比例分担赔偿责任。最高人民法院《关于审理人身损害赔偿案件适用法律若干问题的解释》第 6 条规定："从事住宿、餐饮、娱乐等经营活动或者其他社会活动的自然人、法人、其他组织，未尽合理限度范围内的安全保障义务致使他人遭受人身损害，赔偿权利人请求其承担相应赔偿责任的，应予支持。"由于电影院对事故的发生负主要责任，因此，电影院对死亡学生的家属及受伤学生应负主要赔偿责任，在本案中学校的过错程度较轻，也应对受害学生或其家属承担一定的赔偿责任。

校园篇

寄宿学生出水痘致死

【案例】

杨某（男，某工厂工人）与孔某（女，某商场营业员）于1995年结婚，婚后，生育一男一女。女儿杨某某自幼为又聋又哑的残疾儿。由于夫妇二人都忙于工作，无暇照顾两个孩子，加之杨某某是聋哑儿童，需要特殊的照顾，这让杨某和孔某疲于应付，十分头痛。

2003年，杨某在一张报纸上看到了某聋哑学校的招生简章。该学校承诺，该学校为寄宿制学校，对来校学习的聋哑学生进行全方位的教育和管理，设有保育员专职负责照顾学生的日常生活。

杨某夫妇经再三考虑后，将女儿送到实行全封闭教育的某聋哑学校寄宿学习。2003年10月某日，该校一名学生出水痘，老师到医院为其抓药后，让其在宿舍休息，但未将该名学生与其他学生隔离。第二天，该学校老师又发现杨某某以及其他三位学生出水痘，即到当地某医院找医生开具处方取药服用。但未带病体学生到医生处就医。

次日，杨某某出现烧热后由其班主任带至某医院门诊治疗，并告知杨某某的父母。杨某某的母亲孔某当即赶到医院，由其陪护杨某某并在某聋哑学校住宿。两天后，孔某继续带杨某某前往某医院治疗。当日中午，孔某将"某医院要求杨某某转院治疗"电话告知某聋哑学校后，即带着杨某某到另一家医院，当即赶到医院的杨某某班主任等协助办理住院手续并垫付部分住院费用。

杨某某须住院治疗。在该医院治疗期间，她均由孔某陪护，某聋哑学校的保育员及班主任亦协同照顾。次日中午，杨某某病情加重，至当日下午2时20分因重度水痘并发肺炎、暴发性心肌炎，导致呼吸衰竭，经抢救无效死亡。杨某某的父母向当地人民法院提起诉讼，认为某聋哑学校未尽到学校应尽的预防疾病职责和对寄宿残疾学生的监护责任，应当赔偿杨某某的医疗费和死亡赔偿金共计30000元。

【法理分析】

《未成年人保护法》第32条规定："卫生部门和学校应当为未成年人提供必要的卫生保健条件，做好预防疾病工作。"本案涉及的主要是学校未有效地履行其预防疾病职责和对未成年残疾寄宿学生的监护责任的问题。

一、某聋哑学校对未成年的寄宿在校生杨某某在其处学习期间负有监护责任。其理由是：

1. 它符合民法精神。监护的职责在最高人民法院《关于贯彻执行＜民法通则＞若干问题的意见（试行）》第10条有明确的规定，即为保护被监护人的身体健康，照顾被监护人的生活，管理和保护被监护人的财产，代理被监护人进行民事活动，对被监护人进行管理和教育，在被监护人合法权益受到侵害或者与人发生争议时，代理其进行诉讼。另第22条规定："监护人可以将监护职责部分或者全部委托给他人。"

在学校、学生家长及学生三者之间的法律关系上，我国民事立法精神及实践一直是按照学生家长是学生的法定监护人，这不可否认。但是，某聋哑学校是全封闭式管理的寄宿制学校，且招收的学生都是未成年人。杨某某未满10周岁，属无民事行为能力人。其父母依据某聋哑学校招生简章的公开承诺，将杨某某送往该学校寄宿学习，应视为其将对未成年子女杨某某的部分监护职责委托给某聋哑学校，学生在注册登记和交纳约定费用后委托关系成立，由此即产生了学校对杨某某在校期间的保护其身体健康、照顾其生活、管理和保护其财产、对其进行管理和教育的监护责任。

2. 它是由学校的教育义务所决定的。学校招收学生到学校就读，主要目的是学校实施教育行为，学生接受教育。显然学校负有对学生进行教育的义务。由于教育行为具有人身依附性，在教育教学过程中，必然存在师生近距离接触，特别是全封闭的寄宿学校，学生的人身、精神、生活等全部都处于学校、教师的安排、控制和保护下。这样使学校教育义务必然衍生出对学生人身监督、管理、控制和保护的义务，也就是说，学校由主要义务的教育义务衍生出附随义务的监护义务。

3. 它是由学校的职责范围所决定的。学生在接受教育时，人身处于学校地域范围和学校开展各种活动的延伸地域；学生具有学籍，其法定身份是某校学生，又有人身上的隶属关系，从这两种状况来说，学校对在校就读期间和时间段内的学生拥有绝对的管辖权。这是基于学生家长自愿将学生委托给学校进行教育管理产生的，是学生家长对学生监护责任的部分委托，学校接收某人成为自己学校的学生，即视为同意承担监护责任。

4. 它是由有利于未成年学生成长所决定的。学校特别是寄宿性学校，它是学生生活、学习和活动的空间，家长没有办法对未成年子女实施监护，如学校不承担监护责任，就会造成未成年学生在校期间处于"监护真空"状态，不利于学生的成长。

在本案中，杨某某是不满 10 周岁的无民事行为能力人，更需要学校以及教师、保育员的管理、照顾和保护等。为了保护未成年学生在校学习、生活期间的健康和安全等，就应赋予学校一定监护职责的法定义务，以加强学校的责任心，促使学校能采取一定的卫生和安全等保障措施，更有利于未成年人健康成长。

二、在本案中，学校和杨某某的监护人对杨某某的死亡均存在过错，都应当承担一定的责任。学校、教师的监护责任应与学生父母所负监护责任有所不同。两者的区别是：

1. 产生的原因不同。学生父母的监护责任是法定的，而学校的监护责任是因委托而产生的。

2. 职责范围不同。学生父母所承担的监护责任是全部的，而学校所承担的是因学生父母将子女送到其处学习期间产生的一部分委托监护责任。

3. 所尽的义务不同。只要是监护责任就是法定的义务。但学生父母对子女所承担的是全部监护职责的法定义务，而学校所承担的是管理人的注意义务。

4. 承担责任的前提条件不同。学生父母承担责任是无条件的，只要子女因侵权行为需要承担民事责任时，作为监护人的父母是无条件承担责任，而学校承担责任是有条件的，即以过错为前提。

5. 适用的原则不同。学生父母的监护责任是适用无过错责任原则，而学校的委托监护责任是适用过错责任原则。

三、在本案中，某聋哑学校对杨某某的死亡存在过错，未尽到《未成年人保护法》规定的疾病预防职责。其理由是：

1. 从水痘病的发生与治疗来看，杨某某患的是水痘病，这是由水痘带状疱疹病毒引起的，属病毒性疾病。一年四季均可发生，以冬、春为主，多见于10岁的儿童。该疾病主要通过飞沫空气、疱浆液接触、血液经胎盘母婴传播。该疾病在没有传染源的情况下是不会发生的，发病首先感染呼吸道，潜伏期15天，出疹后的第二天就会感染到肺部。出现水痘最主要的措施就是隔离，并对未发病的个体打水痘疫苗。

2. 从某聋哑学校发现病情后所采取的措施看，学校发现学生出水痘后，一是卫生防疫工作不力：没有对病体采取隔离措施，致使相互感染；二是安全保护措施不力：发现学生出水痘后，未及时带病体学生给医生会诊，只是自行抓药让学生服用，直到杨某某出现发热现象才到医院治疗；三是管理不严：发现病情后，没有进行严格的管理，学校集体宿舍随意让病体学生及家长留宿。

所以某聋哑学校既未尽到预防疾病的法定职责，也没有有效地履行对在校学生的监护责任，应承担监护不力的过错责任。而孔某在接到通知赶到学校后，未对杨某某采取科学、有力的治疗措施，致使杨某某病情恶化致死，孔某也存在明显的过错。

综上所述，本案的处理应是因杨某某的死亡所造成的损失应由某聋哑学校和杨某某的监护人共同承担。

老师体罚学生导致意外死亡

【案例】

2003年4月12日，某县中学对学生仪表进行大检查。次日晚7时许，学校领导带领各班班主任将高一年级仪表不合格的同学叫到校办公室外站立，由冯某（该校高一年级组长）对仪表不合格的同学进行教育，在教育学生谢某（男，17 岁）时，谢某说："你的头发比我的还长"，并夹杂一些辱骂言语。

冯某即打谢某一耳光。教师李某和柴某听见后赶至现场。李某上前打谢某一耳光并令其跪下，谢某不跪，李某与谢某发生抓扯，柴某见状也上前打谢某一耳光。因互相发生抓扯致谢仰面倒地，李某摔在谢某身上。李某发现谢某倒地后身体出现异常，即拨打电话向医生求救，并及时送谢某去当地医院抢救。当晚 8 时 50 分，谢某死亡。

经法医学鉴定中心鉴定：1. 谢某死于心脏破裂所致的心包填塞。2. 谢某心脏破裂是在病理基础上发生的。3. 谢某死前曾有被打耳光情绪激动等诱因，可以诱发病理性心脏破裂。

案发后，学校和冯某、李某、柴某三人先后向谢某近亲属赔偿了 22.8 万元。

【法理分析】

本案中，教师冯某等人的行为应该如何定性？容易混淆的有四种说法：分别是意外事件、侮辱罪、故意伤害罪与过失致人死亡罪。弄清四者之间的区别，就容易对冯某的行为确定责任。

意外事件是指行为人由于天灾等大自然的原因或客观上不能预见、不能避免的原因，造成他人伤亡的行为。侮辱罪是指使用暴力或者其他方法，公然贬低他人人格，破坏他人名誉，情节严重的行为。故意伤害罪是指故意非法损害他人身体健康的行为。过失致人死亡罪是指过失造成他人死亡的行为。

意外事件不属犯罪，不受到刑事处罚。故意伤害罪、过失致人死亡罪和侮辱罪三者之间差别很大。从犯罪构成看，三种犯罪主体是相同的，都属自然人一般主体。就犯罪客体方面来说，侮辱罪的客体是他人的人格和名誉；故意伤害罪的客体是他人的身体健康；过失致人死亡罪的客体是他人的生命。

从犯罪的主观方面来讲，侮辱罪与故意伤害罪的主观方面均是故意的；过失致人死亡罪的主观方面是过失，包括疏忽大意的过失和过于自信的过失。从犯罪的客观方面来讲，侮辱罪的客观方面表现为实施了暴力或其他方法公然侮辱他人人格和名誉的行为；故意伤害罪的客观方面是行为人实

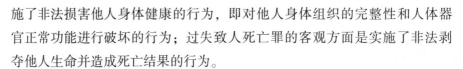

施了非法损害他人身体健康的行为，即对他人身体组织的完整性和人体器官正常功能进行破坏的行为；过失致人死亡罪的客观方面是实施了非法剥夺他人生命并造成死亡结果的行为。

故意伤害致死与过失致人死亡的界限：从主观方面看，两者都没有杀人的动机和目的，也不希望或者放任死亡结果的发生，在致人死亡这个后果上均属过失；从客观方面看，两者都造成了被害人死亡的结果。过失致人死亡与故意伤害致死两者之间最根本的区别在于：故意伤害致死虽然无杀人的故意，但有伤害的故意，而过失致人死亡是既无杀人的故意，也无伤害的故意。两者的区别关键是行为人有无伤害的故意。

过失致人死亡罪与意外事件的界限：两者的相同点是行为都引起了他人死亡的危害后果，都没有预见。两者的不同点是：过失致人死亡是指行为人对于死亡结果的发生应当预见而没有预见，或者已经预见到，但轻信能够避免；意外事件是指死亡结果的发生，或者是由于不能预见的原因，或者是由于不能抗拒的原因所引起的。简单地说，在过失致人死亡的情况下，对于引起他人死亡后果，行为人主观上有罪过，而在意外事件的情况下，行为人主观上没有罪过，不应该承担刑事责任。

侮辱罪与故意伤害罪、过失致人死亡罪的区别在于侮辱罪不是对他人的身体健康造成损害，而是损害他人的人格和名誉。侮辱罪侵犯的是公民的人格和尊严；故意伤害罪和过失致人死亡罪侵害的是公民的身体健康和生命安全。

从本案的具体情况看，法院认为冯某三人的行为构成侮辱罪。理由如下：

死者谢某因留长头发违反校规被学校领导及老师训斥时，与老师顶嘴且辱骂老师。从冯某三人行为的主观方面看，应属故意，而过失致人死亡罪与意外事件的行为人在主观方面均无故意，是过失行为。故冯某三人的行为不属于意外事件和过失致人死亡罪。

冯某、李某打谢某耳光和令其下跪，柴某又上前打其一耳光，强迫谢某下跪等一系列过激行为从三人行为的主观目的上看，并不是想伤害谢某的身体和生命，只是想羞辱谢某，报复谢某伤了老师的面子，使谢某认识到自己不尊敬老师、辱骂老师的错误。三人是在学校这个公众场合，当着众人的面和谢某的面对谢某实施这一系列行为，符合侮辱罪的特征。实际上，一般正常人的心脏不会因其打耳光、令其下跪就破裂的。

法医学鉴定中心对谢某的死亡鉴定就载明谢某的心脏破裂是在病理基础上产生的。谢某的心脏有问题即个体差异这是冯某三人在实施侮辱行为前不知情的。谢某的死亡是冯某三人对谢某分别实施侮辱行为造成谢某情绪激动致心脏破裂而亡，属侮辱行为的情节严重，构成侮辱罪，应受到刑事处罚。

这与冯某三人实施上述行为假若未导致谢某情绪激动，心脏破裂，谢某却因当着众人面被挨耳光和下跪而自杀的性质是一致的。若冯某三人对谢某实施拳打脚踢等行为致谢某心脏破裂，或者预先知道谢某有个体差异因情绪激动会导致心脏破裂，此冯某三人的行为就应属故意伤害罪或故意杀人罪。本案中，冯某三人只是对谢某实施了各打其一耳光、令其下跪等行为，而谢某无耳朵被打聋、面部骨折等其他伤情，故冯某三人的行为不构成故意伤害罪。

老师教育学生，与学生发生言语冲突，伤了老师的面子和师道尊严，老师意欲换回自己的面子好教育其他的学生，便各打其一耳光，这是故意的，并令其下跪，且发生抓扯拉其下跪，这应是侮辱行为。老师若想伤害死者的身体健康，就不会各打一耳光、拉其下跪这么轻微。死者身体无其他损伤，只是心脏破裂，心脏破裂的原因是情绪激动，诱使病理基础上的心脏破裂。

此案无论从冯某三人职业及心理、发生的场所、发生的背景以及冯某三人实施的具体行为、死者的伤情、法医学鉴定来看，定侮辱罪是最为恰当。

课外活动时铅球砸伤学生

【案例】

某地有关部门规定，2003 年中学升学考试，体育加试成绩不合格者，不允许参加升学考试。为了让学生抽空练习加试的体育项目，学校给每个毕业班发了 6 个实心球，让学生们在课外活动期间加紧练习提高。4 月 5 日下午，初三（1）班的同学们吃过晚饭后蜂拥着来到学校操场，相互掷起了实心球。

由于只有6个实心球，同学们争相投掷。陈某好不容易抢到了实心球，未等前边同学投掷的球落地，他已侧身弯腰，并用力一掷，实心球紧跟着第一个球飞了出去。站直身子的陈某这时才发现前方的同学正在争抢第一个实心球，他惊叫了一声："闪开！"但一切都来不及了，实心球旋转着飞向了正在抢球的学生当中。

实心球砸在了学生杨某的头部，操场一下子静了下来，杨某抱着脑袋蹲在地上一动不动。陈某当即和同学们一起将杨某送到学校附近的诊所治疗。4月6日早上，杨某病情加重，出现呕吐现象，学校与其家长协商后，将杨某送到县医院抢救。在县医院，杨某被确诊为脑出血，当即做了开颅手术，病情得到了控制。

杨某出事后，学校领导曾4次派人到医院看望，并分3次垫付了医疗等费用3000元。陈某的父亲也几次到医院看望，并支付了1000元医疗费用。但这点费用还远远不够，医生说，杨某必须再进行一次手术才能彻底恢复。然而，学校和陈某的父亲后来所表现的态度却令杨某的父亲大失所望。他们为杨某已花费的医疗费和继续做手术所需费用的承担问题相互推诿。

经多次交涉没有结果，学校和陈家都不愿再支付费用，无奈的杨某的父亲一纸诉状将学校和陈某推上了被告席，要求两被告赔偿有关经济损失共168765元。

法院经审理认为，原告杨某与被告陈某课余时间和同学们在学校操场上练习投掷实心球，被告陈某将原告杨某头部砸伤事实清楚，双方均予以承认。在该事故中，被告陈某未在学校组织下练习投掷实心球，且未注意投掷前方他人的安全，致使原告头部被砸伤，应当负事故的主要责任。因陈某是限制民事行为能力人，其民事责任应由其监护人承担。

被告学校将实心球发放给学生后，因未能严密组织，疏于管理，对事故的发生应当负次要责任。原告杨某在学校没有组织的情况下私自练习投掷实心球，且在练球中疏忽大意，不注意安全，忽视对方捡球，也应承担相应责任。

最后，法院依据《民法通则》第16条、第18条、第19条、第131条和第 133 条的规定作出判决：原告杨某的医疗费 10157.55 元，护理费 1120 元，营养费 280 元，住院伙食补助费 280 元，交通费用 200 元，文印费 35 元，两次手术费用 2500 元，合计 14572.55 元，被告陈某赔偿 50%，计款 7286.28 元，扣除已付的 1000 元，再赔偿原告 6286.28 元；被告学校赔偿原告 40%，计款 5829.02 元，扣除已付的 3000 元，再赔偿原告 2829.02 元；其余 10% 费用由原告自理。

【法理分析】

《未成年人保护法》第 17 条规定："学校和幼儿园安排未成年学生和儿童参加集会、文化娱乐、社会实践等集体活动，应当有利于未成年人的健康成长，防止发生人身安全事故。"《教育法》第 44 条规定："教育、体育、卫生行政部门和学校及其他教育机构应当完善体育、卫生保健设施，保护学生的身心健康。"最高人民法院《关于贯彻执行＜民法通则＞若干问题的意见（试行）》第 160 条规定："对在幼儿园、学校生活、学习的无民事行为能力人或者精神病院治疗的精神病人，受到伤害或者给他人造成损害，单位有过错的，可以责令这些单位适当给予赔偿。"根据上述规定，学校承担责任的条件是有过错。

本案中，虽然是在课外活动时间，但学生仍在学校的监管范围之内，学校应当对学生进行必要的监督管理。陈某掷铅球伤害杨某，与某中学未尽课堂上的组织监管职责、疏忽大意有密切关系。因此该中学主观上存在过错，对伤害事件的发生，应承担相应的民事责任。

而学生陈某对于损害事件的发生也存在一定的过错。陈某在课外活动时与杨某投掷铅球，学校老师已经讲过投掷铅球的方法和技巧，但由于陈某不正当使用体育器材，违规操作，导致杨某被砸伤，陈某是杨某受到人身伤害的直接原因。同时，陈某已经是中学生，应当具有一定的民事行为能力，对自己的行为所具危险性应当有所预见，因此，陈某应当对杨某的人身损害负有责任。

根据最高人民法院《关于审理人身损害赔偿案件适用法律若干问题的解释》第 3 条第 2 款规定："2 人以上没有共同故意或者共同过失，但其分别实施的数个行为间接结合发生同一损害后果的，应当根据过失大小或者原因比例各自承担相应的赔偿责任。"因此，该学校与学生陈某应共同对杨某承担赔偿责任，其中，陈某负主要责任，学校负次要责任。而杨某本人也存在过错，对于自己应当能够预见到的危险而没有充分预见到，根据《民法通则》第131条规定："受害人对于损害的发生也有过错的，可以减轻侵害人的民事责任。"因此，杨某本人对自己的损害后果也应承担一定的责任，因此，法院作出的判决是正确的。

学生在体育课上跳远受伤

【案例】

宋某是某中学初二学生。2002年4月，宋某在上体育课跳远的过程中，不慎造成右腿髌骨骨折。宋某受伤后学校老师及时将其送往医院住院治疗，后经法医鉴定为轻伤，宋某父母先支付了宋某治疗所需的医疗费。在宋某出院后，宋某父母以学校提供的沙坑不标准致使宋某受伤为由要求学校承担宋某的医疗费，但学校认为体育课跳远是正常的教学活动，学校没有任何过错，因此拒绝承担赔偿责任。双方为此发生纠纷。宋某遂起诉至人民法院，请求法院判令学校承担全部赔偿责任。

【法理分析】

中、小学生在校上体育课进行教学内容安排的项目活动时发生人身伤害，学校应否承担民事责任及依什么归责原则认定责任，一直是个棘手的问题。审判实务中依监护关系、监护转移关系、委托关系及一般侵权损害赔偿关系处理的均有之。按最高人民法院《关于贯彻执行＜民法通则＞若干问题的意见（试行）》第160条的规定，应当认为此种人身伤害适用过错归责，按一般侵权损害赔偿关系处理。

义务教育是国家实行的一种教育基本制度，而且实施义务教育的学校绝大多数是国家举办的以财政拨款为主的、不以营利为目的教育机构。因而，不可能要求或规定此种学校对在校园内或教学期间发生的学生伤害事故承担无过错责任或严格责任。同时，它是提供义务教育服务的社会组织，与就学学生之间形成的是一种法定的义务教育关系，并依据未成年人的特点，学校对学生在校期间负有保护其人身安全的法定义务，该法定义务直接来源于有关教育法规。因而，学校与学生之间不可能是监护、监护转移、委托或类似的其他关系，学校对学生的责任不属监护责任范畴。根据学校实施教育的实际和上述特点，学生在校受到人身伤害，追究学校民事责任按一般侵权损害适用过错归责原则处理是合适的。

一般来说，判断学校是否有过错主要看两个方面：一是是否尽到了谨慎照管的义务，其中就包括是否安排学生开展危险性很大的活动，即是否适宜于该教育段的学生的活动。体育课跳远活动是教学大纲中的应有教学内容，不能认为是危险性很大的活动。当然，这种义务还包括教师的教学活动中的合理的照管行为。如果学校尽到了谨慎照管义务，学校就没有过错。二是学校提供的教学设施、设备是否不符合要求（或者说有瑕疵），此属所有物、工作物的瑕疵损害问题。

在本案中，宋某父母主张的沙坑不标准正是这种理由。但是，国家教委于1989年11月8日印发的《中、小学体育器材设施配备目录》中并未规定明确标准，仅要求根据实情因地制宜。所以，宋某父母的这种主张因缺乏具体标准，是很难证明沙坑不标准的。

《民法通则》第132条规定："当事人对造成损害都没有过错的，可以根据实际情况，由当事人分担民事责任。"在依过错原则确认学校没有过错而不承担责任的情况下，能否可寻求以上法律条文所规定的公平原则来由双方当事人分担损失呢？这可能是大多数法官的选择。这种选择从个案上讲没有什么不当，但从一个学校面对成百上千的在校学生和损害发生的可能性等方面来看，结合实施义务教育的学校的性质，这种选择又是一把双刃剑，可能造成学校不堪重负，甚至损害其他学生利益的后果发生。因此，应当有一种转嫁风险的机制，如购买保险或设立一种基金来解决这个问题，这样受害学生既可以得到及时救助，也可以减少很多诉讼。就目前的法律规定情况来看，这种处理是恰当的。

可以说，在学校的体育教学中，是最容易发生危险、伤害事故的。近几年来，类似的案件更是屡屡发生，那么如何避免这类案件的发生呢？根据《学校体育工作条例》，学校在开展体育活动和在体育教学及管理中应特别注意以下问题：

其一，体育课教学应当遵循学生身心发展的规律，教学内容应当符合教学大纲的要求，符合学生年龄、性别特点和所在地区地理、气候条件。

教学形式应当灵活多样。

其二，体育场地、器材、设备应符合安全标准。并制定体育场地、器材、设备的管理维修制度，由专人负责管理，按时检查和维修。根据2002年6月25日教育部发布的《学生伤害事故处理办法》第9条的规定，学校的公共设施，以及学校提供给学生使用的学具、教育教学和生活设施、设备不符合国家标准的或有明显不安全因素的，造成学生伤害事故，学校应当依法承担相应的责任。

其三，体育教师应当热爱学校体育工作，具有良好的思想品德、文化素养，掌握体育的理论和教学方法，在体育教学中，不得擅离岗位，玩忽职守。同时，各级教育行政部门和学校应当有计划地安排体育教师进修培训。

其四，开展课外体育活动应当从实际情况出发，因地制宜，注意安全。

其五，学校和老师应当定期向学生了解是否有特异体质或者特异疾病，以便安排体育运动，避免发生学生伤害事故。

其六，在体育课上，学校和老师尤其应当注意以下几点：第一，老师应将操作方法、安全规则和应注意的事项向学生详细说明；第二，老师应在现场予以保护；第三，对于较大危险性的体育项目，最好有两名以上教师在场；第四，最好不要安排学生同时进行多种体育项目，防止不能同时给予保护；第五，学校应定期检查体育用具，以确保安全。

与坏学生斗殴时致残

【案例】

某校初一学生周某在上体育课分散投篮活动期间，与同学王某发生冲突，进而互相斗殴。周某离开活动场地追打王某，不慎自己跌倒，腹部撞在操场通往教学大楼的过道斜坡沿角上。周某跌倒后由同学送往学校卫生室，卫生室老师发现情况异常（呕吐、心跳慢、血压低等症状），当即送往医院急救，经剖腹检查，确认胰腺断落三分之一、脾脏破裂，后切除脾脏与断裂胰腺，造成终生内残。经查，周某平时一贯喜欢打架斗殴，属于有不良行为的少年。

【法理分析】

学校对在校学生负有保护其人身、财产安全的法律义务。《教育法》第29条规定学校及其他教育机构应当履行下列义务："遵守法律、法规；贯彻国家的教育方针，执行国家教育教学标准，保证教育教学质量；维护受教育者、教师及其他职工的合法权益；以适当的方式为受教育者及其监护人了解受教育者的学业成绩及其他有关情况提供便利；遵照国家有关规定收取费用并公开收费项目；依法接受监督。"

由于学校未尽其法律规定的教育、管理与保护学生的义务，造成学生人身伤害或者其他财产损失的，则可能构成学校责任事故，学校应当承担相应的法律责任。根据我国有关处理学生伤害事故的法律规定，"学校责任事故"是指由于学校的疏忽或者过失，在教育、管理与保护学生时未尽到法定的义务，而造成的学生人身伤害事故。

对于学校责任事故，学校由于在履行教育、管理与保护学生职责和义务时，存在主观上的过失，所以应承担其法律后果。但本案并不属于学校责任事故，学生周某受到的伤害不是由于学校直接侵害或者由于学校未尽相应的管理与保护义务而间接造成的。而是由于周某自己无视学校纪律、实施相互斗殴的情况下造成的。对此后果，由于学校并不存在过失，也没有违反法律规定的情形，所以学校不负法律责任。

本案应属于由自己的过错和第三人的原因共同造成的学生伤害事故，应由受害的未成年人的监护人和相关责任人依法承担相应的法律责任。根据我国有关行政规章的规定，第三方责任事故是由学校之外的个人或组织实施的故意犯罪或者违法行为，而导致的学生受到人身伤害的情况。

由于学生违反学校纪律，或者明知有危险或者可能给他人造成人身伤害而故意或由于疏忽而实施该行为，从而造成他人人身伤害后果，属于第三方责任事故。对于第三方责任事故，应由责任人依过错的程度承担相应的法律责任。本案中，学生周某和王某由于在体育场上的琐事而发生冲突，进而相互殴打，从而造成了周某在追打王某的过程中受伤。

对于这一后果，双方是在违反学校纪律的情况下实施的斗殴行为所致，双方对于周某伤害后果都存在主观上的过错。由于周某、王某都是未满18周岁的未成年人，属于民法上的限制民事行为能力人，根据《民法通则》

校园篇

规定，他们对由于自己的过错造成的损害结果应当由他们的监护人承担相应的损害赔偿责任，这也是人们所说的监护人的替代责任。

因此，对于由于王某实施斗殴行为而导致的周某受到人身伤害的后果，应由王某的监护人依法承担民事赔偿责任。但从另一方面来看，周某对自己受到的伤害也不是没有过错：首先，伤害事故发生的前提原因是周某、王某二人实施了相互斗殴的行为；其次，从伤害发生的直接因素看，是周某自己在斗殴中追打他人的情况下撞到教学大楼的过道斜坡沿角上发生的。因而可以说，学生周某的自身过错是造成自身伤害的主要原因，因而对于他的损害，应当由他的监护人承担责任。因此，本案中，周某受到的损失主要应由自己的父母承担。王某的父母也应承担一定的赔偿责任。

校园伤害事故的发生，多发生在一些有不良行为的少年中。有一些学生由于家庭出身、父母溺爱及社会环境等因素的影响，学生不懂礼貌，在教室里与老师对骂，甚至出手与老师对打等现象十分常见。有的学生"玩"法也特别出奇，竟拿着自制炸弹在学校墙角炸墙壁取乐。有的学生无钱上网，便打起了学校的主意，将学校的铝合金门窗拆卸下来砸了玻璃当废品卖。对于这类学生，如何进行教育管理值得探讨。

《预防未成年人犯罪法》第 14 条规定："未成年人的父母或者其他监护人和学校应当教育未成年人不得有以下不良行为：（一）旷课、夜不归宿；（二）携带管制刀具；（三）打架斗殴、辱骂他人；（四）强行向他人索要财物；（五）偷窃、故意毁坏财物；（六）参与赌博或者变相赌博；（七）观看、收听色情、淫秽的音像制品、读物等；（八）进入法律、法规规定未成年人不适宜进入的营业性歌舞厅等场所；（九）其他严重违背社会公德的不良行为。"

学校对有不良行为的未成年人应当加强教育、管理，不得歧视，使他们能够在良好的文化环境中健康地成长，使他们对不良文化现象的抵御能力和免疫力不断加强，从而减少社会犯罪，促进社会安定。学校要处理好惩罚与教育的关系。

惩罚历来是打击和预防犯罪的重要手段之一，通过惩罚能使犯罪行为受到遏制。而未成年人正处在人生发展的关键时期，心智尚未成熟，具有很强的可塑性，因此，对待未成年人犯罪必须重在预防，重在教育。要坚持对未成年人进行正面的教育和引导，增强他们的法制观念和法律意识。对少数犯有严重罪行，并且已达到法定刑事责任年龄的未成年人要依法追究刑事责任，对未成年人犯罪起到警戒作用。

但是，对大多数有不良行为的未成年人应及时进行教育和矫治，坚持"教育为主，惩罚为辅"、"预防为主，惩罚为辅"的原则，狠抓学习、思想表现差一点的学生的转化：学习、思想表现差一点的学生是青少年法制教育的重心。对学习、思想表现差一点的学生在挖掘亮点、消除盲点、寻找焦点、探求对应点进行转化的同时，可采取结对子的形式狠抓学习、思想表现差一点的学生转化。学习成绩差的学生，与成绩好的学生结对转化；有不良行为的学生与法制教师结对转化；有严重不良行为的学生与法制副校长结对转化等。总之，要千方百计把后进生转化工作落到实处。要处理好一般预防与特殊预防的关系。

在贯彻实施《预防未成年人犯罪法》的过程中，针对不同的未成年人群体，要认真做好一般预防和特殊预防的工作。在对未成年人不良行为的预防上，要求家长、学校了解掌握未成年人生理和心理变化的规律性，有针对性地进行教育，既不能采取"不打不成材"的粗暴式教育方法，也不能溺爱成灾。

《预防未成年人犯罪法》第24条规定："教育行政部门、学校应当举办各种形式的讲座、座谈、培训等活动，针对未成年人不同时期的生理、心理特点，介绍良好有效的教育方法，指导教师、未成年人的父母和其他监护人有效地防止、矫治未成年人的不良行为。"

各个学校应严格执行教育部门的有关规定，义务教育阶段不得开除学生。对确因严重违纪需开除学籍的学生可留校试读，并由学校组成帮教组，与被帮教学生及其家长签订协议，做好帮教转化工作；对于被法院判处缓刑、管制、免予刑事处罚的未成年犯，如果属于九年义务教育的在校学生，可留校试读帮教，学校要落实对有不良行为学生的帮教责任制，校长、教师、学校保卫部门，共青团、少先队组织和家长要各负其责，互相配合，形成有利于转化的氛围，保证帮教不留死角。同时，教育部门要将有不良行为的学生教育转化工作作为考核学校和教师工作的一个重要指标。

因此，对于所举事例的学生，学校应该及时采取相应的措施，以避免

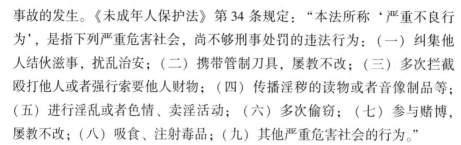

事故的发生。《未成年人保护法》第34条规定："本法所称'严重不良行为'，是指下列严重危害社会，尚不够刑事处罚的违法行为：（一）纠集他人结伙滋事，扰乱治安；（二）携带管制刀具，屡教不改；（三）多次拦截殴打他人或者强行索要他人财物；（四）传播淫秽的读物或者音像制品等；（五）进行淫乱或者色情、卖淫活动；（六）多次偷窃；（七）参与赌博，屡教不改；（八）吸食、注射毒品；（九）其他严重危害社会的行为。"

上述严重不良行为虽然未构成犯罪行为，但却是未成年学生滑向万丈深渊的开始，学校一定要采取多方面的措施，及时予以制止。

《未成年人保护法》第35条规定："对未成年人实施本法规定的严重不良行为的，应当及时予以制止。对有本法规定严重不良行为的未成年人，其父母或者其他监护人和学校应当相互配合，采取措施严加管教，也可以送工读学校进行矫治和接受教育。对未成年人送工读学校进行矫治和接受教育，应当由其父母或者其他监护人，或者原所在学校提出申请，经教育行政部门批准。"

第36条规定："工读学校对就读的未成年人应当严格管理和教育。"

工读学校除按照《义务教育法》的要求，在课程设置上与普通学校相同外，应当加强法制教育的内容，针对未成年人严重不良行为产生的原因以及有严重不良行为的未成年人的心理特点，开展矫治工作。家庭、学校应当关心、爱护在工读学校就读的未成年人，尊重他们的人格尊严，不得体罚、虐待和歧视。

工读学校毕业的未成年人在升学、就业等方面，同普通学校毕业的学生享有同等的权利，任何单位和个人不得歧视。《未成年人保护法》第37条规定："未成年人有本法规定严重不良行为，构成违反治安管理行为的，由公安机关依法予以治安处罚。因不满14周岁或者情节特别轻微免予处罚的，可以予以训诫。"

根据上述规定，学校对于有严重不良行为的未成年学生，应该以教育为主，及时制止，并且积极争取社会各方面力量的支持，以达到预防青少年犯罪的目的。

学校矫治未成年人不良行为，应采取的措施主要有：

其一，法制副校长对所在的学校的未成年人，对九种严重不良行为的人数和受过何种处罚的情况进行摸查。

其二，召开有严重不良行为的学生、家长和有关老师的座谈会，探讨矫治的方法和措施。

其三，认真总结矫治未成年人严重不良行为的经验，召开的经验交流会和法制副校长现场教学观摩会。

其四，切实做好有不良行为和严重不良行为未成年人的教育转化工作。实行学校、家长、社会三结合，学校应将有不良行为的未成年人列出名单，家长和关心下一代工作委员会共同研究教育措施，共同负责做好教育转化工作。对有不良行为未成年人，其父母或监护人放任不管，让不满16周岁未成年人单独居住的，学校和居委会可写出报告送交派出所，由派出所根据《预防未成年人犯罪法》有关规定，对其父母或监护人予以训诫，责令改正。

其五，切实做好"两劳"（劳动改造和劳动教养）释放人员和失足青少年的教育挽救工作。认真进行调查，摸清人头及释放时间的底数，加强与这些人员的单位和家庭联系，对帮教到期的应及时解除，对新释放的"两劳"人员要及时纳入帮教对象，做好推荐教育工作。同时，按照法律规定在复学、升学、就业等方面与其他未成年人享有同等权利，任何单位和个人不得歧视，帮助他们解决实际困难，预防和减少这些人员重新犯罪。

学生受伤害自杀

【案例】

某民办学校在招生简章中称，学校实施封闭式管理，开放式教学，老师和学生一起生活、学习、锻炼，实施24小时伴读。张某、王某之子张乙（1987年11月7日出生）于2002年9月到该学校高中一年级（2）班就读入学前，张某、王某按照学校要求，向学校交纳赞助费20000元，学杂费7500元。学校向张乙发了入学通知书。

2002年11月20日早上7点10分左右，张乙在学校教学楼三楼楼道内遇到该校初三（1）班学生董某（时年16岁）及初二年级学生冯某，张乙与董某发生口角。董某双手抓住张乙的肩部，将张乙推靠在教育处门口墙上，用右膝顶撞张乙的阴部，造成张乙阴囊钝挫伤。

当日上午 11 时 30 时 30 分左右，张乙被送往医院救治。经医院诊断为：左侧睾丸破裂、左阴囊血肿；右侧睾丸积液；阴囊血肿感染。另据张乙病例记载，张乙患有心律不齐（频发性房性早搏）。

2003 年 2 月 15 日张乙出院在家休养。同年 3 月 21 日，张乙在家中服用大量心律平，后被送往医院抢救无效死亡。2003 年 8 月，董某犯故意伤害罪被判处有期徒刑 1 年 6 个月，该刑事判决未附带民事赔偿。后张某、王某以某学校为被告诉至法院。

被告某学校辩称，原告张某、王某之子张乙在校内被同校学生董某致伤，后果应当由加害人董某承担，学校无任何过错。在原告之子受伤后，被告曾多次派员慰问关怀，现原告之子自杀，没有证据证明与被告有关。因此，原告的诉讼请求没有事实和法律依据，要求法院驳回原告的诉讼请求。

【法理分析】

这是一起因住宿学生受伤害而自杀引起的赔偿纠纷案件。本案的案情虽不复杂，但其中涉及以下几个法律问题，具体分析如下：

一、某学校与张乙之间的法律关系

最高人民法院《关于贯彻执行＜民法通则＞若干问题的意见（试行）》第 22 条规定："监护人可以将监护职责部分或者全部委托给他人。因被监护人的侵权行为需要承担民事责任的，应当由监护人承担，但另有约定的除外；被委托人确有过错的，负连带责任。"本案中，某学校并不同于一般的学校，是依法开办的自收自支的民办学校，其在招生简章中宣称实施封闭式管理、开放式教学、教师实施 24 小时伴读。张某、王某虽然没有与学校签订转让部分监护职责的委托协议，但他们将其子张乙送往学校寄宿学习，并按照学校的要求交纳费用，注册登记，双方事实上形成了委托监护关系。因此，某学校应当对张乙承担部分监护责任。

二、某学校是否应当承担赔偿责任

通过上面的分析可知，学校对张乙的人身安全负有监护责任。据此，在张乙的人身受到伤害的情况下，学校是否应当承担责任决定于其是否尽到了监护义务，如果其履行了监护义务，则不必承担责任；否则，就应当承担监护不力的责任。

本案中，受害人张乙与加害人董某均是未成年人，且都在学校的监护之下，因而学校理应对他们的人身行为进行管理，对他们的人身安全予以保护。张乙在学校学习期间被同学致伤，后自杀身亡，学校虽然不是直接侵害人，但该事件的发生足以说明学校并未履行其"封闭式管理，开放式教学，教师24小时伴读"的对外承诺，从而也违反了其应尽的监护义务。因此，该学校应当对张乙所受伤害承担监护不力的赔偿责任。

综上所述，未成年子女的部分监护权委托给学校，学生在注册登记和交纳约定费用后委托关系成立，由此即产生了学校要保证张乙在校期间人身安全的监护责任。张乙在被告的监护范围内遭受同校走读生董某的侵害致残，对其被侵害的后果，除加害人董某应承担相应的赔偿责任外，被告同时亦应承担对张乙受到侵害和董某实施侵害的监护不力的赔偿责任。学校应当赔偿的合理损失包括住院治疗费、外购药费、交通费、用餐费及张乙父母的误工费等，具体数额由法院根据证据加以确定。

至于张乙父母所主张的承包企业损失费及为张乙构筑墓地的损失均非合理损失，不应当由某学校承担赔偿责任。

三、学校对学生伤害事故适用的归责原则

最高人民法院《关于贯彻执行〈民法通则〉若干问题的意见（试行）》第160条规定："在幼儿园、学校生活、学习的无民事行为能力人或者精神病院治疗的精神病人，受到伤害或者给他人造成损害，单位有过错的，可以责令这些单位适当给予赔偿。"学校不是未成年学生在校期间的监护人，不应当对未成年学生受到伤害或致人伤害承担无过错责任。学校只有在未履行应尽的职责，在主观上有故意或过失的过错的前提下，才承担相应的赔偿责任。换言之，学校对学生在校期间的伤害适用过错责任原则。

过错责任原则是我国侵权行为法中的一般归责原则。所谓"过错责任"，是指以过错作为归责的构成要件和归责的最终要件，同时以过错作为确定行为人责任范围的重要依据。学校对学生在校期间的伤害适用过错责任原则，就意味着学校对于学生在校期间的人身安全保护负有注意义务，要尽到一个善良管理者的责任，只要履行了这一注意义务，学校就没有过错，也就不必承担民事责任。

对于学校是否尽到相应的注意义务，要结合主观标准和客观标准进行综合判断。主观标准是判断学校主观上有无故意或过失，客观标准是判断学校是否履行了应尽的职责。主观标准是建立在客观标准的基础之上的，如果学校履行了其应尽的职责，则可以推定学校主观上没有过错；如果学校没有履行其应尽的职责，而且不存在合理的抗辩事由，则可以推定其主观上亦有过错。

课堂实验炸伤眼睛

【案例】

2002 年暑假，某中学对初二学生举办补习班。7 月 31 日上午第四节课，该中学物理教师林某在朱某及同学王某所在班级上讲授"做功和内能的改变"原理课。林某在未讲明"做功和内能的改变"的实验应注意事项和采取必要安全防范措施的情况下，手持放有少量棉花和火柴的空气压缩引火仪，分组做演示实验给班上的学生观察。林某演示实验完后，班上学生谢某申请亲自动手做该实验，经林某允许，谢某把该实验仪器放在自己课桌上用手对该仪器迅速加压并达到实验效果，该仪器试管内开始冒烟。

随即邻座的王某未经林某的允许擅自将该仪器拿到自己的课桌上用手又再次对该仪器加压，造成该仪器的试管发生爆炸，将前桌朱某（16 岁）的左眼炸伤。事故发生当日，朱某被某中学雇车送往该市眼科中心医院住院治疗。经该院诊断，原告的左眼球穿通伤。

2001 年 8 月 20 日原告出院后，朱某多次前往医院检查、治疗，某中学共预支给原告医疗费人民币 24600 元。经法医鉴定，朱某的伤残等级为 8 级。

2002 年 7 月 23 日，朱某诉至法院，要求该中学及当班老师林某及同学王某赔偿因本起事故造成的医疗费、护理费、交通费、住院伙食补助费、住宿费、残疾者生活补助费、精神抚慰金（残疾赔偿金）等损失共计 89439.67 元。

法院经审理后判决被告某中学应赔偿原告朱某医疗费、护理费、住院伙食补助费、残疾者生活补助费、交通费、住宿费、精神抚慰金（残疾赔偿金）共计人民币 62877.29 元，判决被告王某法定代理人应赔偿原告朱某医疗费、护理费、住院伙食补助费、残疾者生活补助费、交通费、住宿费、精神抚慰金（残疾赔偿金）共计人民币 6986.37 元。

【法理分析】

本案实验仪器的试管发生爆炸致伤原告左眼，是因被告王某在谢某做实验已达到实验结果的情况下，擅自对实验仪器再次加压导致试管内压强迅速增大所致。而被告王某擅自再次加压行为的发生，主要是由于本起实验组织实施者被告林某在做该实验前未向在场学生告知注意事项，同时未及时阻止被告王某擅自加压行为所致。

为此，作为教师的被告林某在本起事故中存有主要过错。鉴于被告林某在本案中的教学活动是履行被告某中学授予的职务行为，其过错所造成的法律后果应由其所在单位被告某中学来承担，即被告某中学应对本起事故法律后果承担90%的责任。被告王某未经在场教师被告林某的许可擅自对实验仪器再次加压，也是本起事故发生的原因，被告王某也有过错，应对本起事故的法律后果承担次要责任，即承担10%的责任。因被告王某是未成年人，尚未能独立生活，其所应承担本案民事赔偿责任由其法定代理人来承担。

本案涉及人身伤亡的财产损害赔偿的范围。所谓"人身伤亡的财产损害赔偿"，是指因受害人的生命、健康、身体等人身权益遭受他人不法侵害时，受害人、依法由受害人承担扶养义务的被扶养人以及死亡受害人的近亲属就由此遭受的财产上的利益而依法要求赔偿义务人承担的金钱赔偿责任。

最高人民法院《关于审理人身损害赔偿案件适用法律若干问题的解释》（以下简称《解释》）第 17 条规定："受害人遭受人身损害，因就医治疗支出的各项费用以及因误工减少的收入，包括医疗费、误工费、护理费、交通费、住宿费、住院伙食补助费、必要的营养费，赔偿义务人应当予以赔偿。受害人因伤致残的，其因增加生活上需要所支出的必要费用以及因丧失劳动能力导致的收入损失，包括残疾赔偿金、残疾辅助器具费、被扶养人生活费，以及因康复护理、继续治疗实际发生的必要的康复费、护理费、后续治疗费，赔偿义务人也应当予以赔偿。

受害人死亡的，赔偿义务人除应当根据抢救治疗情况赔偿本条第1款规定的相关费用外，还应当赔偿丧葬费、被扶养人生活费、死亡补偿费以及受害人亲属办理丧葬事宜支出的交通费、住宿费和误工损失等其他合理费用。"

该条第1款是对受害人遭受人身损害（无论死亡抑或伤残）时，为治疗该损害而支出的费用以及误工损失的赔偿。第2款与第3款则分别针对受害人在残疾与死亡时，应给予的除第1款之外的其他的赔偿。

该司法解释从三个方面对赔偿的范围进行了界定：（1）因治疗损伤支出的费用，如医疗费、护理费、交通费、营养费、后续治疗费、康复费、整容费等；（2）因生活上增加需要支出的费用，如配制残疾用具、长期护理依赖支出的费用等；（3）因全部或者部分丧失劳动能力或者因受害人死亡导致的未来收入损失，即残疾赔偿金与死亡赔偿金。

《解释》按照英美与中国法系侵权行为法所普遍承认的做法，明确地承认对受害人预期收入损害的赔偿，将死亡赔偿金与残疾赔偿金的性质界定为财产损害赔偿，同时规定受害人或者死者近亲属遭受精神损害的还可以向人民法院请求赔偿精神损害抚慰金。

此种规定不仅有效地保护了当事人的合法权益，而且鲜明地区分了受害人的财产损害与精神损害。因为按照该《解释》，受害人在因他人伤害而残疾之后，不仅有权就其未来预期收入的减少这一损失获得残疾赔偿金的补偿，而且还可以要求因残疾而遭受的精神痛苦的赔偿即精神损害赔偿。

由上述法律法规以及司法解释所确定的人身损害赔偿范围可以看出，本案法院判决被告某中学赔偿原告朱某医疗费、护理费、住院伙食补助费、残疾者生活补助费、交通费、住宿费、精神抚慰金（残疾赔偿金）共计人民币62877.29元，判决被告王某法定代理人赔偿原告朱某医疗费、护理费、住院伙食补助费、残疾者生活补助费、交通费、住宿费、精神抚慰金（残疾赔偿金）共计人民币6986.37元，是恰当的。

女生因教师侮辱而自杀

【案例】

2003 年 4 月 12 日，按照学校的要求，丁某应于上午 8 时到校补课，但其未按时到校，其班主任汪某询问她迟到的原因，用木板打了她，并当着某同学的面对她讲："你学习不好，长得也不漂亮，连坐台都没有资格。" 12 时 29 分左右，丁某从该校中学部教学楼 8 楼跳下，经抢救无效，于当天中午 12 时 50 分死亡。

法院经审理认为，被告人汪某的行为符合侮辱罪的主客观构成要件。纵观全案，丁某之所以跳楼自杀，除来自家庭和社会的各种压力外，被告人汪某的言行是引发丁某跳楼自杀的直接诱因。被告人汪某的行为不仅贬损了丁某的人格尊严和名誉，而且产生了严重的后果，造成恶劣的社会影响，具有一定的社会危害性，应当受到刑事制裁。鉴于被告人汪某是在对学生进行教育时实施的侮辱犯罪行为，其主观恶性不深，庭审中有一定悔罪表现，且丁某跳楼自杀确是多因一果，加之被告人汪某又具备缓刑的管教条件，可适用缓刑，故判处有期徒刑 1 年，缓刑 1 年。

【法理分析】

本案被告人汪某的行为在刑事上构成侮辱罪，理应受到刑事惩罚；在民事上，汪某侵犯了丁某的名誉权，还应当承担民事赔偿责任。本案涉及维护学生名誉权与学校评价学生的方式问题。

名誉是指特定的自然人的品行、才能等人格价值的一种社会评价。作为社会评价，它首先应当是客观的社会评价，即应当实事求是，不允许依据虚假的事实对某人进行评价。其次，作为社会评价，它应当是以公正的、适当的方式进行评价。就是说，即使是符合事实的情况，也应当考虑评价的方式问题，不能以侮辱人格的方式或者不顾及作为人起码应当具有的尊严的方式进行评价。

因此，所谓名誉权是指自然人依法享有的，要求对自己的名誉给予客观、公正的社会评价，并维护自己的名誉不受他人非法贬低的权利。我国《民法通则》第 101 条规定："公民、法人享有名誉权，公民的人格尊严受

校园篇

法律保护，禁止用侮辱、诽谤等方式损害公民、法人的名誉。"

一、侵犯名誉权的行为及承担责任的条件

侵犯名誉权的行为主要是采取侮辱和诽谤的方式实施，但在判断侵权人的行为是否构成侵犯名誉权并应当承担侵权责任时，还要注意以下几个方面的问题：

1. 损害他人名誉权的行为的认定

损害他人名誉的行为主要有三种情况，一是侮辱，二是诽谤，三是其他损害他人名誉的行为。其中，侮辱和诽谤是两种典型的侵犯名誉权的行为。

所谓"侮辱"，是指故意以暴力、语言、文字等方式贬低他人的人格，损坏他人的名誉。而"诽谤"，则是指行为人故意捏造虚假事实向第三人等散布，或者由于过失散布道听途说的虚假事实，损害他人名誉的行为。所谓"其他损害他人名誉权的行为"，它包括：

第一，因新闻报道严重失实，导致他人名誉受到损害的行为。

第二，在公众场合对他人所作的严重不当的评价，导致他人名誉受到损害。比如：在公众大会上批评某人同另外的人有不正当的男女关系等。

第三，不适当地宣扬他人的隐私，导致他人名誉受损的行为。这种情况属于一个行为侵犯两种权利，既侵犯了他人的名誉权，也侵犯了他人的隐私权。

2. 侵犯名誉权的行为必须是指向特定的人

因为每个人的名誉只属于本人，只有当贬低人格的行为针对特定的人，才会导致社会对某个具体的人的评价降低，从而使某个具体的人受到不公正的评价。如果只是针对某一类的人进行贬损，则不属于侵犯某个具体的人的名誉权的行为。所以，学校的领导、教师针对学生中存在的某些现象进行公开的批评和谴责，只要不针对某个具体的学生而进行，就不属于侵犯学生名誉权的行为。

3. 对某人名誉造成损害的事实必须是客观存在的

所谓"名誉受到损害的事实"，包括三个方面：

其一，由于侵权人的行为使第三人或公众对受害人的品行、才能等产生了轻视、指责、不信任等后果，这种损害事实，虽然不具有明显的外在表现形式，但按照当时社会通常的对人的评价标准，行为人的侵权行为在客观上导致了公众对受害人的轻视和指责。

名誉是一种观念，它存在于公众的心理，虽然公众不一定将自己对某人的看法表达出来，但如果不进行及时的更正，必然会产生降低受害人在公众心里受尊重程度的后果。所以，在判定侵权人的行为是否侵害了某人的名誉，主要以侵犯名誉权的行为是否被受害人以外的第三人知道为标准，只要证明侵犯名誉权的行为被第三人知道，就可以推定名誉损害的客观存在。而第三人的人数并不重要，因为这只是表明行为影响的范围。

其二，侵权行为造成了受害人的精神损害。精神损害是受害人因侵权人的行为而遭受的心理、感情方面的伤害，包括心理上的悲伤、怨恨、忧郁、气愤、失望、自卑等痛苦的折磨。精神损害是侵犯他人名誉权的间接后果。每个人的心理承受能力不同，所表现出来的痛苦程度也不同，造成精神损害的程度主要从侵权行为的手段、行为内容的恶劣程度、影响范围的大小等综合判断。

其三，侵犯名誉权也会在一定程度上产生财产方面的损失。比如，因名誉受损，精神痛苦而导致的精神疾病的医疗费用；对于成年人来讲，名誉受到损害，会对受害人的晋升造成一定的影响，在一定程度上产生财产利益的损失。

二、维护学生名誉权与学校评价学生的冲突与协调

在学校，教师侵犯学生的名誉权，主要是批评教育方式不当造成的。常见的有：

1. 当众羞辱有偷盗行为的学生

例如，某甲，13岁，是某中学初二学生，在第一次偷同桌学生的铅笔时，班主任对其进行了严肃的批评。事隔2周，某甲的同桌又向班主任报告，自己的钢笔丢了，班主任当场对某甲的书包进行搜查，确实搜出了同桌丢失的钢笔。这时，班主任老师让某甲站在讲台上，对着全班同学自己打自己的耳光，并说："我是三只手，我保证今后再也不偷东西了。"这样持续10分钟后，班主任才让某甲停下，宣布放学。某甲回家后，就再也不愿意上学了。

在本案中，某甲存在不良行为是事实，学生的行为也应当受到老师的

批评，但不能因此就使某甲丧失了基本的人格尊严。老师以当众羞辱的方式来教育学生，其行为本身属于暴力侮辱人格的行为，构成侵犯名誉权，最终，不但不能使某甲认识错误，而且使某甲对老师和教育行为产生了仇视的心理。

2. 当众侮辱考试作弊的学生

例如，王某是某中学初中二年级的女学生，一次在考英语的时候，王某将与考试有关的资料抄在自己的大腿上，被当时监考的老师发现，监考老师立即让学生停止考试，将王某带至讲台上，当众掀起王某的裙子，将王某的大腿和腹部露出来让大家看，引起学生哄堂大笑。王某挣扎着跑出考场，竟纠集家人将监考老师打伤。打伤老师的人固然要受到惩罚，但监考老师的做法的确属于侮辱学生人格的行为，同样也被法院责令承担侵权的民事责任。

3. 公开批评早恋的未成年学生

在中学，男女学生之间以书信互相表达爱慕之意的情况确实存在，但问题是教师应当如何对待早恋的学生。如果教师采取当众宣读学生情书的方式对学生进行羞辱，同样属于批评教育方式严重不当的行为，属于侮辱学生人格的行为，即侵犯了学生的名誉权，也侵犯了学生的隐私权。

4. 当众羞辱衣着打扮不得体的学生

例如，李某是某中学高中一年级的学生，在自己 17 岁生日的那天下午，没有穿校服，而是穿上了自己喜欢的吊带裙，脸部也确实化妆较明显，进入教室。班主任发现后，对李某进行批评，要求其回家换了服装再到教室上课。李某不服，又嘟囔了几句，班主任十分气愤，将李某拉到讲台上，对全班同学说："你们看，李某像不像坐台小姐？"引起学生哄堂大笑。李某哭着离开教室，回到家里吃了一把安眠药，因发现及时，未发生严重后果。

的确，从教师的角度讲，老师是"恨铁不成钢"，希望用强烈的手段，让学生"永不再犯"。但是，面对有不良行为的学生，是个别教育批评，还是当众曝光甚至当众羞辱，这是文明教育和"粗暴管教"的原则问题。

中国传统上有"不打不成才"的说法，社会和新中国以前的法律也容忍老师、师傅对学生的体罚行为，但是，这种粗暴的教育方式越来越多地受到社会的谴责。未成年人有偷窃行为，监护人发现后，用手或尺片打其手掌，只要不对未成年人造成伤害，社会和法律也是容忍的。

教师在教育学生时，用同样的手段惩罚学生，没有对学生造成伤害，虽然不妥当，学生家长也不会追究，但前提是不对学生的身体造成伤害。同样，教师、学校公开批评某种行为，或某个学生，也是正当的，但前提也是不得当众侮辱学生的人格。如果说在古代，以酷刑惩罚犯罪人是一种野蛮的惩罚，那么，在今天以当众羞辱的方式让学生吸取教训、纠正错误的做法同样是一种不文明的行为，是不可能得到法律承认的。相反，法律从保护学生合法权利的角度，对实施侵权行为的教师应追究法律责任。

法律保护一切公民的名誉权，包括学生这个群体。不论学生的年龄怎样，也不论学生本人是否意识到自己的尊严问题，作为教师，在管教学生时必须明确，不得侵犯学生的名誉权。法律之所以严格保护每一个公民的名誉权，就是因为，保证公民的名誉权是维护个人的人格尊严的需要，通过保护个人希望维护自己名誉的精神利益，实现个人之间、个人与社会之间的基本和谐；也通过对个人名誉的保护，树立良好的社会道德风尚。

总之，学生从小学到大学，是一个成长的过程，在这个过程中，学生犯这样或那样的错误是正常的，教师在开班级会议时公开点名批评某个学生，或者学校领导在学生大会上批评个别学生，这都是学校和教师的正当权利，是教育的一种方式。

5. 学校在行使正当的批评教育权时，也应当注意：

（1）在决定是否应当对某个学生进行公开的批评时，应当考虑学生所犯错误的性质，学生的年龄和心理承受能力。

（2）教师及学校领导在公开批评学生的同时，应当对其他学生如何对待犯错误的同学提出明确的指导，为犯错误的学生改正错误创造良好的氛围。

（3）原则上，对于未成年学生的轻微的错误，不宜采取在年级大会或者全校大会上公开点名批评的方式，应当对犯错误的学生进行个别批评教育，而对其他学生主要是针对某种行为来教育他们分清是非，明白事理。

（4）对于涉及性侵害、性骚扰、不正当性行为方面的违纪行为，不宜公开点名批评，应当特别注意保护无辜的受害人的隐私权利。

（5）批评学生不应使用侮辱性的语言。

老师擅自更改学生姓名

【案例】

刘某5岁时被父母送到某艺校学习，其老师常某未征得刘某父母同意，将刘某的姓名改为常刘某。3年后，某电影制片厂到该艺校挑选小演员，刘某被选中，并承担影片中的女主角，影片上署名为常刘某。影片公映后，刘某的父母看到女儿的署名为常刘某，认为常某侵犯了女儿的姓名权，要求常某赔礼道歉并赔偿精神损失费。而常某认为给自己的学生起艺名属于正常行为，并没有侵害刘某的任何权益。刘某的父母于是向法院提起诉讼。

【法理分析】

根据《民法通则》第99条规定："公民享有姓名权，有权决定、使用和依照规定改变自己的姓名，禁止他人干涉、盗用和假冒。"最高人民法院《关于贯彻执行＜民法通则＞若干问题的意见（试行）》第141条也规定："盗用、假冒他人姓名……造成损害的，应当认定为侵犯姓名权"的行为。姓名权，就是公民决定、使用和依照规定改变自己姓名的权利。它包括自我命名权、姓名使用权、改名权。未成年人也是合法公民，在其无识别能力时，其姓名由其法定监护人决定，未经其法定监护人同意，任何人不得对其姓名加以改变、盗用和假冒。

在未成年人具有了一定的识别能力时，若认为原来的姓名不合适或出于其他原因，可以重新决定自己的姓名，按规定更改和使用自己的姓名，他人不得干涉。学生在学校期间，学校、老师应保护学生的姓名权。

一、侵犯姓名权的主要方式

1. 干涉他人姓名权，指针对他人姓名而实施某种积极的行为，如禁止他人改名或禁止他人使用与自己相同的姓名等。

2. 盗用他人姓名，指未经他人同意或授权，擅自以他人的名义实施有害于他人和社会的行为，如盗用他人姓名，取走他人的存款或汇款等。

3. 假冒他人姓名，指冒充他人名义进行活动。

侵害姓名权的责任构成要件包括四个要件，即侵害事实、侵害人的主观过错、侵害行为与损害后果间的因果关系及侵害姓名权、名称权的损害后果。

二、侵害姓名权的行为类型

侵害姓名权的违法行为一般有作为的方式作出，如盗用、假冒、干涉他人姓名的行为，均须作为的方式实施，不作为一般不构成侵害姓名权。即使不作为方式构成侵害姓名权，也只存在于应使用而不使用他人姓名的场合，即指明某人时应使用其人姓名，若不使用他人姓名，或者将他人姓名以滑稽发音，称某人为不雅的诨号等，均构成不使用他人姓名。《民法通则》第99条第1款对侵害他人姓名权作了禁止性规定，即禁止他人干涉、盗用、假冒公民的姓名权。

1. 非法干涉他人姓名权的行为

非法干涉他人姓名权的行为，是指对他人行使姓名命名权、姓名使用权以及姓名变更权的非法干预，阻碍他人正当地行使其姓名权。该行为的特点，是只以违背姓名权人的意思为构成要件，而不论是否有不正当目的。任何公民均有权依法决定使用和变更自己的姓名，未成年人由于无完全行为能力，其姓名一般由父母决定，或随父姓或随母姓，父母决定未成年人姓名，并非干涉子女姓名权。

但公民成年后，对姓名的决定、变更和使用权应由其本人实施，非法干涉其变更原姓名、强迫变更其姓名，或强迫其不得变更姓名，不准公民使用其姓名、别名、笔名、艺名、化名或强迫公民使用某姓名，均属侵害他人姓名权的行为。对于夫妻离婚后，抚养未成年子女的一方未经对方同意，擅自将未成年子女的姓名变更为继父或继母姓氏而引起纠纷的，根据最高人民法院《关于人民法院审理离婚案件处理子女抚养问题的若干具体意见》的规定，应责令擅自变更未成年子女姓氏的父或母恢复未成年子女的原姓氏。

2. 非法使用他人姓名权的行为

非法使用他人姓名权的行为，包括对他人姓名权的盗用和对他人姓名权的假冒两种行为。所谓"盗用他人姓名的行为"，是指未经姓名权人同意或授权，擅自以该人的姓名进行民事活动，实施不利于姓名权人、不利于社会公共利益的行为。如某学校盗用某著名人士姓名，在报纸上登广告以

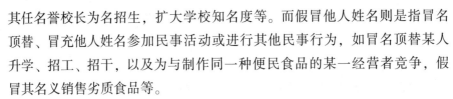

其任名誉校长为名招生，扩大学校知名度等。而假冒他人姓名则是指冒名顶替、冒充他人姓名参加民事活动或进行其他民事行为，如冒名顶替某人升学、招工、招干，以及为与制作同一种便民食品的某一经营者竞争，假冒其名义销售劣质食品等。

盗用与假冒均是非法使用他人姓名并侵害了他人的姓名权，两者有一定的相同性，如都是行为人在受侵害人不知情的情况下进行的；行为人主观状态都是故意的，并具有一定的不正当目的（此所谓不正当的目的，包括牟利、营利及规避法律）；都会造成一定的损害后果；都是违法行为等。但两者在行为表现上仍有不同之处，具体为：

（1）盗用姓名是未经姓名权人同意而擅自使用，而假冒专指冒充他人姓名顶替其实施行为。

（2）盗用姓名只是擅自使用他人姓名进行民事活动，行为人并未直接以受侵害人的身份进行民事活动，而假冒姓名则是以姓名权人的身份直接进行活动。

（3）盗用姓名的后果通常表现为直接损害被盗用者的利益，而假冒姓名者的目的通常并不直接损害被盗用者的利益，只是为了谋取其个人的非法所得。

盗用他人姓名的违法行为的特点在于侵权人未经姓名权人同意或授权，擅自使用姓名权人的姓名，并给姓名权人造成一定的损害。

三、侵害人的主观过错

实施侵害姓名权、名称权违法行为的侵害人，主观上一般均为故意，但在侵害姓名权与名称权中，主观过错表现不完全相同。在侵害姓名权构成中，侵害人的主观过错，必须是故意。过失一般不构成侵害姓名权。过失造成与他人同名同姓，并不构成侵害姓名权。我国人口众多，幅员辽阔，姓氏繁多，同名同姓在所难免。使用与他人相同的姓名而无不正当目的的，不构成盗用或假冒他人姓名。但如果是故意使用与他人相同的姓名，以达到某种目的时，则构成侵害姓名权。而在侵害名称权行为中，侵害人除主观上具备故意状态外，还可因过失而构成对他人名称权的侵害。

四、侵害行为与损害后果间的因果关系

侵害姓名权、名称权的行为与损害后果间的因果关系，与一般侵权行为民事责任构成要件中的因果关系并无原则性差别，而且由于侵害姓名权、名称权的行为和损害事实往往体现出合一化特点，因此在实务中对该因果关系是否存在无须加以特别证明。只要受侵害人所遭受的损害后果是由非法侵害人实施侵害姓名权、名称权的行为所导致的，即可认定侵害行为与损害后果间存在因果关系。

五、侵害姓名权、名称权的损害后果

侵害后果的发生，一般要具备一定的表现形态，或财产损失或精神损害，而侵害姓名权、名称权的行为，与侵害后果表现出合一化的特点。因此，侵害姓名权、名称权的损害事实并不要求具备特定的表现形态，而只要侵害人客观地实施了盗用、假冒、干涉他人姓名或名称的行为，即可认定侵害后果客观存在，并不需受害人举证证明其所受到的物质的或精神的损失。受害人也无需证明侵害姓名权、名称权的行为已为第三人所知悉，无论该侵害是否为他人所知悉，或者造成受害人的精神痛苦、感情伤害等，均不影响行为人是否承担责任。

不论属于哪种情况，侵犯他人姓名权的，应当依法承担民事责任。按照传统社会习俗，学艺从师，师傅为徒弟起艺名似是正常之举。但在法治社会，公民享有独立自主的人身权，保护公民的权利比遵循习惯更重要。本案中，刘某是无民事行为能力人，其姓名应由其监护人决定。常某虽是刘某的老师，但并非刘某的监护人，无权更改刘某的姓名，但其未经刘某监护人同意，擅自在其姓名前冠以"常"姓，并在电影屏幕上公开使用，主观上有故意，也有损害结果，侵犯了刘某的姓名权，应承担赔礼道歉、赔偿精神损失的民事责任。

老师不让差生进课堂

【案例】

某中学是一所省级示范性高中。在当地百姓心目中，这是一所有名望的重点学校，孩子们都以能上这个学校为荣。2001年该中学初中部招生时有相当一部分学生是电脑排位进来的，学习成绩参差不齐。当年初中部招了6个班，每个班的学生都有八九十人。张老师担任初二（1）班的班主

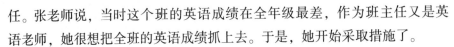

任。张老师说，当时这个班的英语成绩在全年级最差，作为班主任又是英语老师，她很想把全班的英语成绩抓上去。于是，她开始采取措施了。

2002年10月，张老师让全班同学无记名投票选举班里的"差生"。第一次，选出了5名同学，亮亮名列其中。张老师将这5个同学的名字贴到黑板的右上角，说这是"光荣榜"。后来，张老师又搞了一次无记名投票，增补了4名"差生"。亮亮说："我们学习成绩是差一些，可没老师想得那么坏。老师为什么非要投票把我们搞臭呢？这对我的打击太大了，我觉得没脸面对同学，不敢跟同学说话。"

自从"差生"选出来后，这些学生就被"剥夺"上课权利1周至1个多月不等。用张老师的话说："我无权不让你上学，有权不让你上课！""差生"们虽每天按时到校，但到了学校就被老师轰进杂物间，中午和晚上依然和其他同学一样放学回家。

张老师抓英语，要求学生背单词，背不下来就罚站，不让上课。罚站解决不了问题，张老师开始打骂学生，而且不分场合。亮亮说："她拿书朝我们头上砸，不是在开玩笑，是真打。"还有一次，在课间张老师拧着亮亮的耳朵一直拖到学校一个电话机旁，说："你不是我的学生，我不愿看到你，打电话叫家长来把你领走。"

亮亮的父母终于知道了儿子被停课的事，找到学校，恳请让孩子回班上课。张老师态度非常坚决："他进教室，我就不进。"回到家后，父母还气得浑身哆嗦。懂事的亮亮只好安慰妈妈："您别生气了，张老师不让我进教室，我就钻到桌子底下听课，不让她看见我……"

亮亮也多次找老师请求回班上课，并保证上课认真听讲，好好学习，争取进步，但张老师就是不同意。快考试了，张老师说："你们不许参加考试，考了也会拉全班成绩的后腿。"几个孩子向老师求情，但得到的是挂在张老师嘴边上的话："败类、人渣！"

学校里噩梦般的经历，使亮亮开始考虑离家出走。他和同学小强商量后，2002年12月10日上午，两人坐上了一辆去往某地的大客车。当晚他们在火车站候车大厅睡了一夜，在某地3天时间他们花光了仅有的50多元。最后，在铁路公安人员的帮助下，两个孩子才回到家。

【法理分析】

本案中，某中学的做法侵犯了学生的受教育权。"受教育权"是指公民依照法律的规定，享有接受教育的资格。广义上的受教育权是指公民接受各种类型、各种形式的教育的权利。而狭义上的受教育权则是指公民享有在全日制学校接受学历教育的权利。受教育权包括学生参与教学活动的权利和获得公正评价的权利。

《教育法》第42条规定："学生享有参加教育教学计划安排的各种活动，使用教育教学设施、设备、图书资料的权利；在学业成绩和品行上获得公正评价，完成规定的学业后获得相应的学业证书、学位证书的权利。该项权利是保证学生完成学习任务所必需的。依照该项权利，学校有义务提供相应的条件保证学生实现参加教育教学活动的权利；学校也有义务建立客观公正的评价标准和体制，对学生的学习成绩和品行给予公正的评价；在学生经过学习达到学校规定的毕业和授予学位的条件时，学校有义务为学生颁发毕业证书和学位证书。"

在实际工作中，为学生提供参加教育教学活动的条件，以及建立客观公正的课程考试制度方面，受到各个学校的普遍重视；但对学生的品行给予公正评价方面，学校的重视程度是不够的。对学生品行的评价标准、评价的内容等方面，缺乏足够的研究，在每个毕业生的品行评价中，体现班主任、同学等个人主观意见的比较多，体现学生本人的写实性的记录相对少一些，也缺乏具体的规范。

比如，哪些记录应当被反映在品行的评价中，缺乏可操作的规范，学校为了不给学生在升学和就业方面造成不利的影响，许多学生的评价基本上是大体一致的。如果评价标准和体制不完善，所提供的评价，在社会上也失去了参考、认识的意义。

现在，许多学校注意到评价标准对学生行为的导向作用，注意到学生评价与本学校的信誉问题，开始对学生的品行评价采取写实性的陈述并在这方面进行了一些有益的探索。

本案表面看是某中学部分老师存在着师德问题和违法现象，其背后的深层原因是部分学校在办学思想和教育方向上出了问题。这一倾向应当引起教育主管部门和社会的高度警觉。

学生财物在学校期间被盗

【案例】

赵某是某小学五年级的学生，家境比较富裕，经常带些新颖的玩具到学校里和同学们一块儿玩。一天，赵某的父母从国外给赵某带回一个较为昂贵的玩具，赵某十分喜欢，第二天便带到学校里玩，课间同学们都觉得十分新鲜，纷纷围过来玩。玩了一会儿，赵某要上厕所，便把玩具放在课桌里，跑了出去。等他回来时，玩具已经不见了，混乱中同学们都说不清楚谁拿了玩具。赵某便哭着报告了老师，老师在班里要求谁拿了玩具赶紧交出来，还不算错，否则便要搜查，还要受到处分，但仍然没有同学主动交出。

【法理分析】

本案所要解决的事，是对于学生携带的学习用品、生活用品和其他财产等，在学校期间发生被盗的情况，学校及教师是否存在保护的责任问题。

学生的财物在学校被盗，有两种情况：一是被学校以外的人员盗窃，二是被本校学生盗窃。随着人们生活水平的不断提高，小学生、中学生自己掌握的物品和现金的价值越来越大，学生之间的贫富差别也十分明显，对于未成年的学生来讲，采取偷盗的方式来满足自己的占有欲和满足感的情况并不少见。而学校的责任主要是对学生进行文化教育并保障学生的人身安全，对于学生的财产安全并无保障的义务，所以，教师和学校可以协助学生及家长追查丢失的贵重物品，但不承担民事赔偿责任。具体内容包括：

一、对于小学生随身携带的物品，学生的家长应当进行必要的监督

如果学生在上学时携带贵重的财产，发生丢失或损坏的情况，首先应当由学生的监护人承担责任。学生在学校发现自己的物品丢失，向班主任老师汇报以后，教师出于教育学生的目的，可以通过教育，要求实施了偷窃行为的学生主动将物品交给老师或归还给失主并对该学生进行批评教育。

如果没有学生主动承认错误，也没有学生举报相关情况，那么，即使没有找到丢失的物品，学校也尽到了应尽的责任，擅自携带贵重物品到学

校的学生家长应当承担对孩子监督不力的后果。学校和教师没有权利对学生，包括被怀疑的学生进行搜查，明确认识这一点是非常重要的。

在现实中，有个别小学，当学生反映自己的物品丢失后，班主任老师令全班的学生互相检查。有的学校，在发现学生偷盗现象比较严重时，就组织老师利用学生集中到操场的时间，秘密搜查学生的书包等，这种做法是不对的。因为：

1. 人身搜查是涉及一个人的人格尊严的问题，我国《刑事诉讼法》的规定："可以进行人身搜查的机关是国家公安机关；可以进行人身搜查的前提条件是有确切的证据；可以进行人身搜查的程序是公安人员报请公安局长批准以后，持有搜查证。"尽管在事实上许多小学生并没有认识到自己的人格尊严权利，但法律对公民人格尊严权利的保护并不以本人是否认识为前提，所以，学校和教师不能为了维护学生的财产权利，就忽视其他学生的人格尊严权利。

2. 即使是能够当场查出实施偷盗行为的学生并找回学生丢失的物品，让一个小学生在众目睽睽之下承认自己的错误行为，并不会产生好的教育效果，实际上的结果往往是，被公开揭露的学生受到同学的歧视，不愿意再进入学校上学，为了有一个好的成长环境，学生家长不得不选择转学。有的学生则出现性格孤僻，或对他人采取暴力行为，也有的学生承受不了同学的指责而轻生。

3. 在接到学生举报指明某个学生实施偷盗行为，教师需要对本人进行了解和教育时，应当通知学生的家长在场。对有不良行为的学生进行单独教育，为学生能够纠正自己的错误行为创造一个好的成长环境是非常重要的。教师不能为保护一个学生的财产权利就忽视另一个学生的人格尊严。

二、对于中学生，学生本人对自己随身携带的物品具有一定的保管能力，学生的家长也应当进行必要的监督

发生学生随身携带物品丢失的情况，学校同样应承担协助调查的义务。出于教育学生的考虑，教师可以说服学生主动承认错误，将财物归还失主，在必要时，根据丢失财物的数额决定是否向公安部门报告，即使不能找回被盗财物，学校也尽到了责任。

如果学生被盗的财产价值较大，根据我国《刑法》的规定，16 周岁以

上的人应当对自己的犯罪行为，包括犯盗窃行为承担刑事责任，而14周岁至16周岁的未成年人对杀人等重大的犯罪行为承担刑事责任。对于14周岁以上实施犯罪行为，符合劳动教养条件的未成年人，学校可以向公安机关报告，由公安机关决定是否应当对实施犯罪行为的学生实行劳动教养。无论属于哪种情况，学校和教师只有权向公安机关报告，而无权公开对学生进行搜查，包括让学生互相搜查。

对于学生存放在学校内的自行车被盗问题，学校是否要承担保管不善的赔偿责任呢？这要根据学校与学生之间是否就自行车的保管问题达成协议而定。如果学校仅仅是为学生提供一个专门的自行车的存放地点，并没有派人负责保管，也没有收取任何保管费用，那么，不能认定学校同意对自行车承担保管的义务。因为根据我国《合同法》中有关保管合同的规定，保管合同可以是有偿的，也可以是无偿的，但保管合同的成立必须是明确的，即双方当事人必须就保管义务达成协议。

退一步讲，即使是学校承担为学生保管自行车的义务，根据我国《合同法》第374条的规定："在保管期间，因保管人保管不善造成保管物毁损、灭失的，保管人应当承担损害赔偿责任，但保管是无偿的，保管人证明自己没有重大过失的，不承担损害赔偿责任。"如果学校在指定学生自行车存放地点的同时，聘请专人看管，并收取一定的保管费用，可以认定，学生与自行车看管人之间形成保管合同，发生被看管物品丢失的情况，应当由具体的保管人员承担赔偿责任。

学生起诉学校侵权

【案例】

某学校高三学生曾某，在2002年12月，因学校认定该生"文化课基础差，专业课比较自由散漫，无视校规校纪，并多次在教室接听电话，不尊重教师，不虚心接受批评，属屡教屡犯者"，对曾某作出勒令退学的处分决定。曾某认为学校的决定是错误的，并认为根据有关法律，学籍管理是学校依法对受教育者实施的一项特殊的行政管理。于是，曾某于2003年4月向法院提起行政诉讼，请求法院撤消学校所作的处分决定并赔偿损失。

【法理分析】

学生与学校之间的民事侵权问题，在我国《民法通则》和《民事诉讼法》都有明确的规定，在这方面，学生的诉讼权利是完全有保障的。但是，学生对学校的纪律处分不服的，希望通过诉讼的途径获得公正的裁决的要求，却遇到许多的障碍，主要表现在：

首先，《教育法》第42条只规定学生对学校处分不服的，可以进行申诉，但既没有规定禁止学生就此问题向法院进行起诉，也没有规定学生必须先进行申诉，对申诉决定不服的，才能向法院起诉。从理论上讲，法律没有禁止和限制的行为，就是可以进行的行为。那就意味着，学生对学校的处分决定不服的，可以进行申诉，也可以直接向法院起诉。

其次，当学生不服学校的纪律处分而提起行政诉讼的时候，法院认为：学校不是行政机关，学生对学校处罚不服的问题不属于行政诉讼的范围，故不予受理。当学生提起民事诉讼的时候，法院则认为：学校对学生进行处分的行为也不属于平等主体间的民事法律关系问题，故也不属于民事诉讼的范围。

造成这种局面的主要原因是学生与学校之间的法律关系是不平等的管理关系，勒令退学或开除学籍的决定属于学校内部的纪律处分问题。因此，为了确保学生的权利，如何完善制度，切实保障学生的申诉权与诉讼权十分重要。

公民的权利可以分为实体上的权利和程序上的权利，前者解决公民可以进行某种行为并从该行为中获得利益的问题，后者则是解决当公民实体上的权利受到侵犯，寻求公正解决争议的途径问题。没有程序上的权利，实体上的权利也就失去意义。

我国《教育法》第42条规定："学生对学校给予的处分不服，有向有关部门提出申诉的权利，学生对学校、教师侵犯其人身权、财产权等合法权益，有提出申诉或者依法提起诉讼的权利。"可以说，现行法律确认学生有申诉和诉讼的权利。但实现这一权利，还必须具备相应的条件，一是有专门的机构受理学生的申诉和诉讼，二是有相应的申诉和诉讼程序制度。

一、教育主管部门和学校要切实保障学生申诉权利的实现

所谓"申诉权"，是指公民的合法权益因行政机关或司法机关作出的错

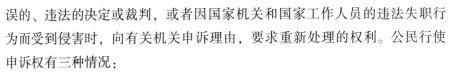

误的、违法的决定或裁判，或者因国家机关和国家工作人员的违法失职行为而受到侵害时，向有关机关申诉理由，要求重新处理的权利。公民行使申诉权有三种情况：

1. 公民对于行政机关作出的行政处罚决定不服时，可以向其上级机关或者有关国家机关提出申诉，要求改正或者撤销原决定。

2. 对已经发生法律效力的判决或者裁定，当事人、被告人及其家属或者其他公民，可以向人民法院、人民检察院，甚至向国家权力机关提出申诉，要求法院或检察院改正或撤销原判决或裁定。

3. 对任何国家机关或国家工作人员违法失职的行为，公民只要认为因此而遭受了侵害，则有权向有关机关提出申诉。

由此可见，申诉权可以分为两种，一种是诉讼程序中的申诉，即针对法院的生效判决，提起申诉，希望通过审判监督程序撤销或纠正其认为错误的法院判决。另一种是行政申诉，即公民或其他组织不服行政机关作出的影响其权益的决定，向特定行政机关申请撤销或者变更该决定的一种制度，属于行政救济的范畴。广义上的行政申诉包括行政复议、信访以及行政机关工作人员对行政机关的奖惩、任免等决定不服而提出的申诉。狭义的行政申诉仅指行政机关工作人员不服行政机关的奖惩、任免决定而提出的申诉。

《教育法》规定，学生对学校的处分决定不服的，可以向有关部门申诉的权利在性质上类似于行政申诉。所以，在国家没有针对学生制定专门的申诉规定以前，学校和教育主管部门应当参照我国的《监察机关处理不服行政处分申诉的办法》的规定，确定并保障学生申诉权利的实现。

二、确保学生申诉权利应注意把握以下几点：

1. 处理学生不服学校纪律处分申诉应当坚持的原则是：实事求是，有错必纠，不错不纠。

2. 受理学生申诉的部门，可以是学生所在学校，也可以是对该学校具有监督管理权的教育主管部门。教育主管部门应当设立专门的学生申诉受理部门，建立由相关职能部门负责人、教育界专家学者、学生代表、律师等组成的委员会，制定专门的学生申诉程序。在学校，申诉受理部门应当独立于学生违纪处理委员会，在审查并处理申诉案件时，应当另外组织或聘请人员进行审查并作出审查意见，原来参与处分决定的人员都应当回避。

3. 学生提起不服学校纪律处分的申诉，应当符合下列条件：

（1）申诉人为受到学校纪律处分的学生，受处分人丧失行为能力或死亡的，可以由其近亲属代为提起；（2）有明确地作出处分决定的学校；（3）有具体的申诉请求和事实根据；（4）属于受理学生申诉的机关管辖的范围。

4. 学生申诉的理由必须是申诉人认为学校所作出的处分决定存在错误。包括：（1）处分依据的事实不清，证据不足；（2）处分适用的规定条款不当；（3）处分决定违反相关程序的规定。

5. 申诉处理委员会必须调阅原案的全部材料，对原案进行全面审查，不受申诉内容的限制。审查的内容包括：（1）事实是否清楚，证据是否确实充分；（2）应当追究责任的人员是否有遗漏，申诉人是否代人受过；（3）定性是否准确；（4）处分是否恰当；（5）是否符合规定的处分程序；（6）其他需要查清的问题。

6. 申诉审查处理的结果有三种情况：（1）处分决定事实清楚，证据充分；适用法律、法规、规定正确，定性准确；处分适当的，应当裁定维持原处分决定。（2）处分决定依据的违法、违纪事实不存在的；认定事实不清，证据不足的；违反规定的程序，影响案件公正处理的，应当决定撤销原处分决定，发回或建议原处分决定的学校重新处理。（3）处分认定的事实清楚，证据充分，只是适用法律、法规、规定不当，定性不准确；处分明显不当的，应当进行更正。

7. 学生对学校作出的勒令退学以下的处分决定不服，可以向学校的主管教育部门提出申诉，对申诉处理决定不服的，可以向上一级教育主管部门提出复核申请，复核审查决定为终结决定。学生不服学校勒令退学或开除学籍处分决定的，可以向学校的主管教育部门提出申诉，也可以直接向法院提起诉讼。

8. 关于学生申诉的期限问题。为了保证学校和教育主管部门有限的精力能够投入当前的管理工作中，避免处理陈年旧账，应当对学生可以提出申诉请求的期限做必要的限制。可以考虑，学生在收到学校处分决定后，15

校园篇

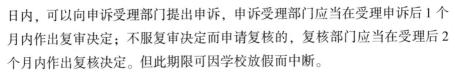

日内，可以向申诉受理部门提出申诉，申诉受理部门应当在受理申诉后1个月内作出复审决定；不服复审决定而申请复核的，复核部门应当在受理后2个月内作出复核决定。但此期限可因学校放假而中断。

按照行政申诉程序解决学生与学校之间的纠纷，其优点是受理和审理纠纷的人员基本上都是熟知教育和教育管理的专业人员，他们会更多地从教育规则的角度协调双方的矛盾，也有利于教育主管部门及时了解、监督学校的管理工作，纠正学校的一些不合理的做法。而且，受理申诉的部门是不收取任何费用的，与诉讼的方式相比，学生可以节省不少的费用。关键是申诉受理部门能够严格按照上述规则，公正、严肃地对待学生的申诉。

三、完善立法以保障学生的诉讼权利

学生申诉制度的完善，固然能够对学生的权利救济起到一定的保障作用，但申诉毕竟是属于行业内部的监督，法律上的救济是赋予学生请求司法审查的权利，也就是诉讼权利。所谓"诉讼权"，是指公民在其权力和利益受到不法侵害时，可以向法院提起诉讼，请求公正裁判的权利。《世界人权宣言》第8条规定："凡人于其宪法或法律所赋予之基本权利被侵害时，有享受国家管辖法院有效救济之权利。"为保障公民的诉讼权利，我国先后颁布了《民事诉讼法》、《刑事诉讼法》、《行政诉讼法》。

诉讼权利是公民司法上的受益权。与学生权利密切联系的主要是民事诉讼和行政诉讼。所谓"民事诉讼权"，是民事主体基于民事法律、经济法律以及劳动法律关系所产生的纠纷，要求法院依法公正审理并参加诉讼活动的权利。当学生的人身权、财产权受到非法侵害时，不管这种侵害是来自学生，还是来自学校，学生都可以向法院提起民事诉讼。

所谓"行政诉讼权"，是指公民对行政机关的处理决定或复议裁决不服时，依法向法院提起诉讼请求，要求法院行使国家审判权，对行政机关的处理决定或复议裁决予以审查和裁决，以及依法参加诉讼活动，保护自己的合法权利和利益的一种诉讼权利。

根据我国《行政诉讼法》的规定，属于法院受理的行政诉讼案件必须具备以下条件：

1. 原告必须是认为行政机关以及法律、法规授权的组织作出的具体行政行为侵犯了自己的合法权益的人。

2. 被告是实施具体行政行为的行政机关及法律、法规授权的组织。

3. 原告提起的行政诉讼，依据法律、法规的规定，属于人民法院受理和管辖的范围。

4. 诉讼在法定的期限内进行。

5. 法律、法规规定必须经过复议程序才能向法院起诉的，已经经过了行政复议；自行选择行政复议的，复议机关已作出了复议决定或者逾期未作出复议决定的案件。

通常，学生对学校的处分决定不服，特别是涉及解除学生与学校的法律关系的决定，学生及其家长更希望得到法院的公正判决，是因为学生及家长相信法院比教育主管部门更具备公正判决的条件。这种想法，也不无道理。

四、从理论上讲，保证公正判决的因素主要有两个方面：

1. 处理争议的机构应当尽可能地保持中立，应当是与当事人任何一方没有利害关系的机构和人员。而在申诉制度中，学生申诉的机关是学校和学校的主管部门，教育主管部门与学校具有管理、指导、监督的关系，甚至学校的学生管理处罚条例本身是得到教育主管部门批准的。所以，学生及家长相信教育主管部门会更多的向学校一边倾斜。而法院则是专门审理各种争议的机关，与学校没有任何工作上的联系，法律规定法院坚持独立审判，不受任何组织和个人的干涉。所以，法院比教育主管部门具备更加中立的地位，具备公正审判的条件。

2. 处理机关应当根据公正的程序来处理争议，能够充分地保证各方的申辩的权利。法院审理案件必须依据国家制定的《诉讼法》，无论哪一种诉讼程序，都有比较完整的保证公正审理的程序制度。相反，申诉制度在程序方面并没有像诉讼制度那样严格的规定，诉讼制度比申诉制度在程序上更能保证公正判决。

有争议，就应当有公正处理争议的地方，至于法院依据什么诉讼程序审理学生与学校的争议，是完全可以通过立法或司法解释加以明确的问题。当学生还保持与学校的法律关系的时候，学校与学生存在着管理与被管理的关系，但当学校对某个学生作出勒令退学或开除学籍的决定后，一般认为，行政处罚决定一经作出，便发生效力，所以，被学校取消学籍的学生

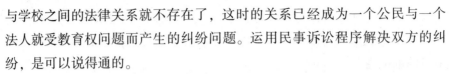

与学校之间的法律关系就不存在了，这时的关系已经成为一个公民与一个法人就受教育权问题而产生的纠纷问题。运用民事诉讼程序解决双方的纠纷，是可以说得通的。

从保护学生的合法权益的角度看，适用民事诉讼程序解决学生与学校之间的各种纠纷，把学生和学校看作两个平等主体之间的关系，更容易实现公正裁决。公正审判被人们看作是追究正义的最后一线希望，法院、学校、学生和所要追求的都应当是处分决定的正确性和公正性，我们并不是追求学生对学校的绝对服从。

所以，学校对面临越来越多的学生诉讼，不应当感到不安，如果事实证明学校的处分决定是错误的、不公正的，那么，能够让学校有机会纠正错误，并不必然地影响学校的权威，只要我们坚信学校的处理是正确的、公正的，给学生一个充分为自己辩解的地方和途径，是有利而无害的。

当然，我们也必须认识到，如果完全排除学生就学校纪律处分的问题进行诉讼的可能性，不符合法治社会的要求，但若不分大事、小事，都允许学生通过诉讼的方式解决纠纷，必然会使学校的正常工作受到干扰，使学校不能集中精力从事教育事业，学生也会在诉讼费用方面承担较大的负担。

可以考虑，学生被学校给予留校察看及以下的处分决定的，在完善申诉制度的前提下，保障学生获得公正处理的目的是可以实现的，而且，更符合经济和提高效率的要求。在涉及学生丧失受教育机会，获得毕业证书和学位证书等重大事项的处分决定时，学生有权选择诉讼的方式，获得公正的裁决。因此，类似本案的诉讼，法院应当受理并作出公正裁决。

学校处罚学生时如何公正？

【案例】

2003年9月，某学校的一学生宿舍发生一起盗窃案，学生某甲夹在作业本中的200元汇款单被人偷走并冒领。某甲向学校保卫科报了案，保卫科将冒领汇款单的笔迹与相关同学的笔迹对照，发现某乙的笔迹与冒领汇款单的笔迹相似，于是将某乙的笔迹送到当地公安局做笔迹鉴定，结论是：

某乙的笔迹与冒领汇款单上的笔迹一致。后保卫科根据该结论,作出处理意见:建议学校严肃处理。

2003年11月,某乙所在学院贴出通告,称某乙"故意旷课,蓄意在寝室内作案","无视校规,其情节严重,影响较坏"决定将某乙开除学籍。某乙对学院的决定不服,多次与学院交涉无果。2004年1月,某乙将自己的笔迹和冒领汇款单的笔迹提交市中级人民法院进行技术鉴定,结论是:"汇款通知书中的受款人签名的字迹与某乙的字迹为同一人所写的依据不足。"

2004年3月,某乙向当地中级人民法院起诉,要求学院:立即停止侵害,恢复名誉,消除影响,赔礼道歉,赔偿损失20万元。法院受理了案件,同时委托高级人民法院进行笔迹鉴定,结论与中级法院的鉴定结论一致的。

【法理分析】

本案体现的问题是学校纪律处罚程序是否公正。学校对学生处分权的合法性,不仅表现在处分的理由是合法的,同样表现在处罚学生的程序符合公正的要求。在司法制度中,程序被认为是实现正义的必要条件。有学者认为,现代程序使选择更合乎理性,这主要表现在以下几个方面:

一、程序结构主要是按照职业主义的原理形成的,专业训练和经验的积累使角色担当者的行为更合理化、规范化。

二、程序是公开进行的,对于决策过程中出现的错误容易发现和及时纠正。

三、程序创造了一种根据证据材料进行自由对话的条件和氛围,这样可以使各种观点和方案得到充分考虑,实现优化选择。

四、通过预期结果的不确定性和实际结果的拘束力这两种因素的相互作用,程序参加者的角色活动的积极性容易被调动起来,基于利害关系而产生的强烈参与动机也会促进选择的合理化。

可以说,再公正的决定,如果忽略程序上的公正,也不会令人信服,更达不到处罚措施的教育。杨某受伤后,学校立即将其送往医院治疗,并同时通知了学生的家长。杨某住院治疗多日,学习受到了影响。回到学校后,杨某对课间游戏产生了恐惧心理,很长时间都不敢到操场上玩耍。

为了避免此类事故的发生,一方面学校和家长应当加强对学生的安全

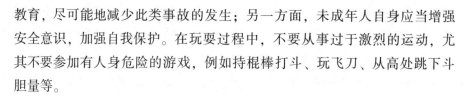

教育，尽可能地减少此类事故的发生；另一方面，未成年人自身应当增强安全意识，加强自我保护。在玩耍过程中，不要从事过于激烈的运动，尤其不要参加有人身危险的游戏，例如持棍棒打斗、玩飞刀、从高处跳下斗胆量等。

学生患病抢救无效死亡

【案例】

2003年9月，周某（10岁）被送进某计算机学校学习。该学校是私立学校，实行全封闭式管理。周某入学时按学校规定交纳了学费、杂费等共计2万元。2004年1月某日，在上课时老师发现周某有些异常，于是将其送至医务室检查，在检查中周某发生抽搐，同时脸色变紫，校医对其进行抢救。在此期间，老师首先向校长汇报，然后通知周某家长，告知其情况。当家长到校后，校医建议尽快将周某送至大医院进行抢救和治疗。于是家长将周某送至某儿童医院，经诊断为脑炎，最终因抢救无效死亡。

事后，周某的家长认为，周某是在该计算机学校就读期间生病的，当发现周某异常后，学校没有及时送往医院，延误了治疗时间，最终导致周某死亡，因此该校应当赔偿周某的医疗费、丧葬费等共计10万元，并返还周某入学时所交的各种费用。而该计算机学校认为，当任课老师发现周某异常后，及时将其送至医务室，并及时通知了学校领导和家长，校医也对周某实行了抢救。由于医务室设备技术上的不足，校医还催促家长将周某送至大的医院治疗。学校在此事的处理上并无任何过错。另外脑炎为爆发性疾病，死亡率很高，所以学校不应当承担赔偿责任。因双方协商未果，最终诉诸法庭。

【法理分析】

原告以被告延误其子的治疗为由，将被告推上法庭，并要求被告对其子周某的死亡负赔偿责任，理由不充分。诚然，被告是私立学校，对学生实行全封闭式管理，虽然被告负有一定的管理责任，但原告之子周某的病被医院诊断为脑炎，此病属于爆发性急症，隐藏性强，救治希望小。被告在通知原告后，被告的班主任、校领导在医务室密切关注周某病情的发展；

当家长到校后，校医建议尽快将周某送至大医院进行抢救和治疗，可见被告对原告之子已尽到其应尽责任。周某死亡是因病死亡，并非被告人为因素造成的，因此被告不应对原告负赔偿责任。

首先应明确的一点是，未成年人在学校读书，并不发生未成年人的监护人之监护责任转移到学校的问题，学校对在校读书的未成年人的责任，是有关《未成年人保护法》规定和学校管理法规确定的一种管理、保护责任，也为一种法定责任，但其内容与监护责任是各不相同的，不容混淆。

最高人民法院《关于贯彻执行〈民法通则〉若干问题的意见（试行）》第160条规定："在幼儿园、学校生活、学习的无民事行为能力人或者在精神病院治疗的精神病人，受到伤害或者给他人造成损害，单位有过错的，可以责令这些单位适当给予赔偿。"那么在本案中学校对周某的死亡是否存在过错呢？可以从以下几点进行认定。

首先，本案原告之子在被告学校读书时发生急病，后经抢救无效死亡，被告对此应否负赔偿责任，应从以下几方面来认定：

第一，学校和学生之间是一种学习合同关系。在本案被告属全封闭管理型私立学校情况下，学校除有提供良好的学习条件的义务外，还有提供良好的生活服务及卫生保健服务的义务，是为其应履行的合同基本义务。但是，原告之子所患病症并不属学校提供服务不良所造成的，而是一种传染性的爆发性急症，学校的医务室是无法预测预防和救治的。

因此，不能认为是在校期间患病，就认为学校有责任，这实属一种偶然的自然因素造成的。同时，校医务室所能提供的卫生保健服务，不能要求其必须达到正规医院的水平，它只是针对一般常见病及常见外伤作常规处置和临时处置。所以，本案被告的校医在作了常规处置后即要求送患者去大医院治疗，处置应是得当的，符合其可提供的卫生保健服务的水准要求。据此，原告所主张的被告延误其子的治疗，是没有事实依据的。

第二，对于这种爆发性急症，目前仍是人类无法控制的一种自然因素，其救治希望很小，所以，即便是对医院而言，也不能因救治无效而追究医院的责任，更何况对从事教学的普通学校。再次，被告对原告虽无因合同违约或侵权损害方面的赔偿责任，但因学习合同的一方主体死亡，使合同出现了应予终止履行的事由。在这种情况下，被告作为提供学习给付的一方，无须再提供学习给付，故也不能取得给付的对价，因此除对已为给付部分的对价应由被告取得外，被告已预收的全部对价中的剩余部分即应返给原告。

被告是否应当因原告损失过大给予原告一定的经济补偿，亦值得探讨。因为，本案所涉及的法律关系是合同关系，判决又未认定被告有侵权损害的问题，故难能存在依公平原则由被告分担原告损失或给予原告一定补偿的依据。被告对原告予以经济补偿，在本案情况下，只能是被告自愿给予补偿。也就是说，在合同关系下，被告作为合同一方当事人，应负的是违约赔偿责任；在损害赔偿关系中，被告应是损害事实的一方当事人，才有分担责任或给予对方补偿的可能。

本案被告在合同关系中没有违约，又不是原告之子患病抢救无效死亡事实中的一方当事人，就只有自愿补偿这一种依据作处理依据。

家庭篇

父母强迫未成年人参加劳动

【案例】

张某（男，某村农民）与于某（女，某村农民）于 1986 年结婚，婚后生育了三男一女。几个子女的出世使本已经一贫如洗的家庭更加艰难。全家人生活靠张某和于某种田及农闲时到外面打工维持。夫妇二人终日劳作，疲惫不堪，但仍然只能维持全家人的温饱。

2003 年 10 月，张家的长子张某某已经 15 岁了，正在上初中。也许正是由于家庭的贫困，张某某学习十分刻苦，学习成绩也很好。但张某夫妇感到家里需要人帮忙，仅靠两个人已经支撑不下去了，他们向张某某提出了退学的要求。

张某某不愿意离开心爱的学校，苦苦地哀求父母让他继续读书，但父母的意志十分坚决，让他为几个弟弟妹妹着想，委屈一下自己。在父母半劝说半强制下，张某某退了学，和父母一起参加了劳动。农忙时，他和父母一起干农活，农闲时，到父亲打工的砖窑上去烧砖。由于张某某尚未成年，身体还在发育当中，沉重的体力劳动让他不堪重负。

一天的劳动下来，累得他浑身疼痛，饭也吃不下，觉也睡不着。在砖窑干活的工友们看到张某某痛苦的样子，纷纷劝他的父亲："这么小的孩子，让他干这么重的活，小心把身子累垮了!"张某听了这话，总是叹着气，无奈地摇摇头："没办法，家里还有几个更小的，等着吃饭呢!"张某某退学的情况引起了学校老师的重视，老师来到张某某家里了解情况，于

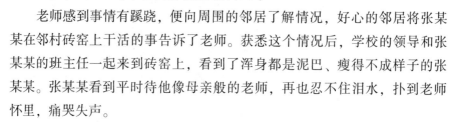

某撒谎说："孩子到外地亲戚那里去读书了。"

老师感到事情有蹊跷，便向周围的邻居了解情况，好心的邻居将张某某在邻村砖窑上干活的事告诉了老师。获悉这个情况后，学校的领导和张某某的班主任一起来到砖窑上，看到了浑身都是泥巴、瘦得不成样子的张某某。张某某看到平时待他像母亲般的老师，再也忍不住泪水，扑到老师怀里，痛哭失声。

在场的人无不为之动容。老师和学校领导当即要求张某某的父亲让孩子立即复学，并指出：他让孩子退学并强迫孩子参加劳动，侵犯了未成年人的合法权益，是违法的。执拗的张某坚持不同意让张某某复学，要求孩子干活养家。学校将此事反映到了乡政府和村委会，在有关部门的批评教育下，张某某的父母终于同意让张某某复学。当地劳动保障行政部门对违法使用童工的砖窑经营者给予了经济处罚。

【法理分析】

由于未成年人还处于生长发育阶段，其生理、心理状态还未完全成熟，如果过早地进入劳动领域对其身心发育不利，而且也影响社会上未来的劳动力供给水平。因此，劳动就业是保护未成年人安全和健康的重要环节，只有科学地处理好未成年人的劳动问题，才能保证未成年人在德、智、体各方面都得到全面发展。所以，我国法律、法规对未成年人参加劳动进行了严格的限制，除法律、法规另有规定的外，禁止让未满16周岁的未成年人参加劳动。对参加劳动的已满16周岁未满18周岁的未成年工，法律也规定了严格的保护措施。如《未成年人保护法》第28条规定："任何组织和个人不得招用未满16周岁的未成年人，国家另有规定的除外。任何组织和个人依照国家有关规定招收已满16周岁未满18周岁的未成年人的，应当在工种、劳动时间、劳动强度和保护措施等方面执行国家有关规定，不得安排其从事过重、有毒、有害的劳动或者危险作业。"《劳动法》第64条规定："不得安排未成年工从事矿山井下、有毒有害、国家规定的第四级体力劳动强度的劳动和其他禁忌从事的劳动。"

张某某未满16周岁，根据2002年10月1日国务院发布的《禁止使用童工规定》，属于童工。所谓"童工"，是指与单位或者个人发生劳动关系、从事有经济收入的劳动或者从事个体劳动的未成年人。因此，对张某某父母和砖窑经营者的违法行为，应当按照《禁止使用童工规定》的有关规定进行认定和处罚。

《禁止使用童工规定》第3条规定："不满16周岁的未成年人的父母或者其他监护人应当保护其身心健康，保障其接受义务教育的权利，不得允许其被用人单位非法招用。不满16周岁的未成年人的父母或者其他监护人允许其被用人单位非法招用的，所在地的乡（镇）人民政府、城市街道办事处以及村民委员会、居民委员会应当给予批评教育。"

在本案中，张某某的父母强迫不满16周岁的未成年子女参加劳动，显然违反了上述规定，当地政府和村民委员会对其进行批评教育的做法是正确的，维护了未成年人的合法权益。

《禁止使用童工规定》第2条第1款规定："国家机关、社会团体、企业事业单位、民办非企业单位或者个体工商户（以下统称用人单位）均不得招用不满16周岁的未成年人（招用不满16周岁的未成年人，以下统称使用童工）。"

第6条规定："用人单位使用童工的，由劳动保障行政部门按照每使用一名童工每月处5000元罚款的标准给予处罚；在使用有毒物品的作业场所使用童工的，按照《使用有毒物品作业场所劳动保护条例》规定的罚款幅度，或者按照每使用一名童工每月处5000元罚款的标准，从重处罚。劳动保障行政部门并应当责令用人单位限期将童工送回原居住地交其父母或者其他监护人，所需交通和食宿费用全部由用人单位承担。

用人单位经劳动保障行政部门依照前款规定责令限期改正，逾期仍不将童工送交其父母或者其他监护人的，从责令限期改正之日起，由劳动保障行政部门按照每使用一名童工每月处1万元罚款的标准处罚，并由工商行政管理部门吊销其营业执照或者由民政部门撤销民办非企业单位登记；用人单位是国家机关、事业单位的，由有关单位依法对直接负责的主管人员和其他直接责任人员给予降级或者撤职的行政处分或者纪律处分。"

当地劳动行政保障部门应当按照张某某在砖窑从事劳动的时间，依法给予砖窑的经营者相应的处罚。

父母虐待未成年子女

【案例】

江某（男，某村村民）与李某（女，某村村民）于1991年结婚。婚后生育了一个女儿。但两人都受重男轻女思想的影响，一心想要个儿子。在这种观念的驱使下，两人不顾国家的计划生育政策，生育了第二胎。但事与愿违，第二胎仍然是个女孩，取名江某某。江某和李某非常失望，为了生育第三胎，将江某某寄养到亲属家里，一直到江某某7岁时才将其接回。此间，李某违反政策生育了第三胎，是一个男孩。

江某某回到自己家后，由于自幼未和父母生活在一起，缺乏亲情，江某和李某对她非常冷淡。刚回家便遭到冷遇，本来就内向、腼腆的江某某更加不敢和父母亲近，在家里畏首畏尾，手足无措。时间一长，江某和李某对她越来越厌恶和歧视，连两个姐弟也跟着欺负和捉弄江某某。

江某和李某觉得江某某在家里碍手碍脚的，是个多余的人，稍有不如意，就拿江某某出气，轻则劈头盖脸一顿臭骂，重则拳打脚踢，吃饭也不让江某某吃饱，经常指使江某某干一些力所不及的体力活。江某某被折磨得没有了人样，终日里神情呆滞，蓬头垢面，瘦得只剩下了皮包骨头，穿着一件到处开缝、落满了补丁的旧衣服，散发着臭味，走起路来也是摇摇晃晃，身上被打得青一块紫一块。

周围的乡亲看了都觉得可怜，不止一次地劝过她的父母，不能这样对待自己的孩子。江某某的父母却认为这是自己的家里事，别人管不着。

长此以往，江某某落了一身的病，身体虚弱不堪，经常感冒、咳嗽、拉肚子。但江某和李某从来不给她看病，而且只要江某某一生病，就将她撵出家门，以免传染给其他子女。

一次，江某某得了重感冒，被无情的父母赶了出来。正值寒冬腊月，外面天寒地冻，寒风凛冽，江某某穿着一身单薄的衣衫，冻得浑身发抖，只好钻到了谷场上的干草垛里避寒。一个好心的村民经过时发现了可怜的江某某，将她接回自己家里，为江某某洗了澡，换了干净衣服，还给她喂了热粥，吃饱了让江某某盖好棉被，躺在床上休息。

村民找来了村干部和江某某的父母以及江家的亲友，希望能说服江某某的父母，让他们把江某某接回去，善待自己的孩子。但江某某的父母非但听不进众人的劝说，反而认为江某某让他们丢了脸，当着大家的面将江某某拖下床，剥光了衣服，又是一顿毒打。

江某某的惨叫声让在场的每一个人心寒和气愤。江某某的父母被拉走后，经大家商议，将江某某先安排在亲属家中，并向当地妇联进行了反映。当地妇联获悉了江某某的悲惨经历，立即找到了她。妇联的工作人员向江某某讲明了她父母行为的恶劣性质和她的权利。在当地妇联的帮助下，弱小的江某某终于拿起了法律的武器，来维护自己的合法权益，将自己的父母起诉到了人民法院。

【法理分析】

由于受根深蒂固的封建家长意识和重男轻女观念的影响，在我国的农村和一些边远地区，父母虐待、遗弃未成年子女，特别是女性未成年子女的现象，直到今天仍然时常发生。本案即是一起虐待未成年子女、且情节十分恶劣的典型案件。

江某某父母的行为性质是十分恶劣的。他们对江某某的打骂，不给饭吃、不给衣穿、有病不给治等虐待行为是经常性的，而且是故意实施的，给江某某的身心健康造成了极大的伤害，不但使江某某身体上受到极大的折磨，病痛缠身，而且给她幼小的心灵造成了无法弥补的创伤，为她正常的心理发育和未来成长投下了一层挥之不去的阴影。江某和李某的行为已经严重侵犯了未成年人的合法权益，违反了我国《未成年人保护法》和《刑法》的有关规定，构成了虐待罪。

《未成年人保护法》第52条规定："侵犯未成年人的人身权利或者其他合法权利，构成犯罪的，依法追究刑事责任。虐待未成年的家庭成员，情节恶劣的，依照刑法第182条的规定追究刑事责任。"1979年《刑法》的第182条到1997年修改为《刑法》第260条。该条规定："虐待家庭成员，情节恶劣的，处2年以下有期徒刑、拘役或者管制。犯前款罪，致使被害人重伤、死亡的，处2年以上7年以下有期徒刑。第1款罪，告诉的才处理。"

《未成年人保护法》在这一方面的规定是对《刑法》关于虐待罪的规定的重申和强调，即虐待家庭中的未成年人情节恶劣，已构成犯罪的，要依

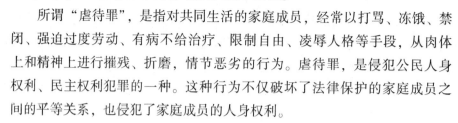

照《刑法》的规定加以处罚，追究其刑事责任。

所谓"虐待罪"，是指对共同生活的家庭成员，经常以打骂、冻饿、禁闭、强迫过度劳动、有病不给治疗、限制自由、凌辱人格等手段，从肉体上和精神上进行摧残、折磨，情节恶劣的行为。虐待罪，是侵犯公民人身权利、民主权利犯罪的一种。这种行为不仅破坏了法律保护的家庭成员之间的平等关系，也侵犯了家庭成员的人身权利。

因此，《刑法》规定这种行为构成犯罪，处以刑罚。在虐待罪中，有许多是针对未成年人家庭成员实施的，对未成年人的身心健康危害极大，对他们的成长会产生恶劣的影响，是情节比较严重的一种情况。所以，《未成年人保护法》引述了《刑法》的有关规定，强调要严格依照《刑法》的规定惩处这种犯罪行为。

根据《刑法》的规定，未造成重伤、死亡的虐待罪属于自诉案件，即由被害人或其代理人向司法机关提出控诉，才予以处罚。这是因为虐待罪的受害人与犯罪人生活在同一家庭当中，生活上往往有一定的依赖关系，在受害人认为可以忍受的情况下，应尽量以其他方法加以处理。如果受害人因被非法拘禁或伤病等原因无法起诉，其代理人或检察机关可以代理其提出控告。虐待行为造成受害人重伤、死亡的，可以由检察机关提起公诉。

值得注意的是，目前在被虐待、遗弃、歧视的未成年人中，大部分是女性。江某某的父母就因为第二胎想生一个男孩，结果生了一个女孩，才对江某某大加虐待的。因此，《未成年人保护法》第8条规定："父母或者其他监护人应当依法履行对未成年人的监护职责和抚养义务，不得虐待、遗弃未成年人；不得歧视女性未成年人或者有残疾的未成年人；禁止溺婴、弃婴。"特别强调对女性未成年人不得歧视。

另外，未成年人往往不懂得法律，在惨遭虐待的时候，不知道自己有哪些合法权益受到侵犯，更不知道如何用法律的武器来维护自己的合法权益。针对这种情况，了解事情真相的人，一定要把情况及时、如实地反映到当地的公安机关、共青团、妇联等部门，以便及时采取措施救助受虐待、遗弃、歧视的未成年人，将违法的责任人绳之以法。

父母对孩子进行精神虐待

【案例】

王某是独生子。按照人们通常的理解，独生子应当是父母的心肝宝贝，在家里备受父母的疼爱，过着无忧无虑的生活。但是，王某的遭遇却完全不同。王某的父母在外地工作，只有在逢年过节时才能回家，与王某相处和交流的时间很少。王某的母亲是一家工厂的制衣工人，没有文化，脾气暴躁，虽然她也是打心底里爱着自己的孩子，望子成龙，但从来不懂得用正确的方式来管教王某，不管王某犯了什么错，劈头盖脸就是一顿臭骂。王某很淘气，自从上小学之后，贪玩的王某成绩一直不是很好。

恨铁不成钢的母亲焦急万分，但又不知道如何引导和教育王某，虽然她从来不打王某，但动不动就骂王某"笨得像头猪"。时间一长，王某的母亲几乎养成了一种习惯，只要看见王某，气就不打一处来，"看你那个熊样，跟头猪似的，死了算了，养你个废物"之类的侮辱的语言张口就来。面对母亲的责骂，王某渐渐地觉得自己真的很笨，真的是个废物，只能惹人讨厌。

童年的天真、快乐从他的世界里慢慢消失了，终日里都是一副无精打采的样子，上课时，老师提问他问题，王某只是傻呆呆地站着，茫然地望着老师。王某开始变得性格孤僻、沉默寡言，不和其他小朋友一起玩，因为他觉得自己很笨，内心里有一种莫名其妙的自卑感。小朋友们也开始嘲笑和捉弄王某，笑他是傻子。王某的母亲也发现了王某的变化，但她非但没有检讨自己的教育方式，反倒变本加厉地责骂自己的孩子，嫌他不争气。最后，王某的情况引起了老师的注意，在老师的帮助下，王某去看了心理医生，结论是王某患上了自闭症。

【法理分析】

《未成年人保护法》第8条规定："父母或者其他监护人应当依法履行对未成年人的监护职责和抚养义务，不得虐待、遗弃未成年人……"虐待会给未成年人的身心造成极大的伤害，因此，法律予以严格禁止。但人们提起虐待孩子时，往往会认为体罚才算虐待孩子，而忽视了精神上的虐待。

精神虐待的危害要甚于肉体上的虐待，因为情绪和心理的虐待是隐性的，不像肉体虐待那么容易证明，对孩子会造成很深的精神创伤，严重的还会造成心理障碍。本案即是一例。王某的母亲从内心来讲还是爱自己的孩子的，但她的爱却以一种非常极端的方式表现了出来，在某种程度上转化成了恨，用责骂、侮辱的方式来教育自己的孩子，对王某造成了严重的心理伤害，最终使王某患上了心理障碍。

所谓"精神虐待"，指的是危害或者妨碍儿童情绪或智力发展，对儿童自尊心造成损害的长期重复行为或态度，如拒绝、漠不关心、批评、责骂、侮辱、隔离或恐吓。最常见的是辱骂或者贬低儿童的人格。

其实，"虐待"的定义，在很大程度上取决于文化的因素，同样的举动，在不同的国家、不同的文化背景下，甚至是不同的时代，都有不同的诠释，没有一套放之四海而皆准的说法。有关心理学家说，从心理学的临床角度看，当一个小孩因为周围的人故意、长期、重复向他做出一些举动，造成他的自尊心受损，都可以称之为虐待。而童年受虐的后果会在任何年龄以多种形式表现出来。

内在表现可以是焦虑、沮丧、自杀倾向或创伤后的应激反应；外在表现是攻击性、冲动、少年犯罪、好动症或吸毒。边缘人格障碍是一种极为复杂的精神状况，与早期受虐有强烈的相关性。这种功能障碍者对待他人的方式很绝对化，通常开始很崇拜一个人，但如果受到冷落或者欺骗，又会诋毁同一个人。

那些童年受虐的人还易于突然发怒或有瞬时的偏执狂或精神严重变态。典型的是他们的人际关系紧张而不稳定，感到空虚或对本人没有自信，通常会试图通过吸毒获得解脱，而且有自杀的经历或冲动。至于精神虐待对孩子的影响，如果一个小孩的自尊心经常受到打击，或者需求一直被忽略，他的"自我形象"就会受到影响，自我评价偏低，进而产生逃避、反社会、歇斯底里、偏执或倚赖型人格障碍等心理问题。虐待对儿童造成的创伤有立刻显现的，也有到了成人期才显现的长期创伤。

一个小孩在被虐待的家庭环境中成长，他长大后可能会认为整个社会都"充满危险"，如果他不想受到攻击或剥削，就必须先攻击或剥削别人，最终加入黑社会或从事非法活动；他也可能在长大后变得十分胆怯，不断逃避外界，不敢和人沟通，缺乏自信心，有强烈的自卑感。因此，为避免像王某这样的悲剧再发生在别的孩子的身上，在加强对未成年人的家庭保护过程中，除了要反对和禁止对孩子的肉体虐待，更要注意防止对孩子的精神虐待，因为它的危害有时远远大于肉体虐待。

从另一个角度看，家长管教孩子是天经地义的事，但是骂孩子可能变成精神上的虐待，那么家长应该怎样管教孩子呢？合理的管教和精神上的虐待又该如何区别呢？其实，在家庭构造和亲情沟通良好的环境里，偶尔的打骂不会使孩子产生心理问题。合理的管教和精神上的虐待，并不难区别。举例说，如果一个孩子考试不及格，父母一直骂他"你就是很笨"，对孩子作出人身攻击，贬低他的能力，便是精神上的虐待。

相对而言，如果父母跟孩子说："你这几个礼拜没有好好读书，浪费了很多时间，所以考试不及格，你应该受罚吗？"这是针对孩子的行为作出的批评，属于合理的管教。而在管教孩子时，我们必须选择正确的方式，避免正常的管教歪曲成对孩子的精神伤害。在这个过程中最核心的是尊重孩子的人格。

获得大额奖金该归谁？

【案例】

王某（男，某国家机关干部）与张某（女，某公司职工）于1993年结婚。婚后生育一子王某某。2000年，王某与张某因感情不和而离婚。婚生子王某某随父亲王某生活。2003年8月某日，王某某在到某商场购买文具的时候，看到该商场门口张贴的有奖销售海报。该商场称，在8月份进行有奖销售活动，凡在该商场购物满50元的消费者均有机会参与抽奖。奖项为特等奖1名，一、二、三等奖若干；特等奖奖金5000元。

王某某遂用父亲给自己的钱购买了一支钢笔，价值60元，商场发给王某某奖券一张。2003年9月，王某某在父亲王某的陪同下到该商场参加公开抽奖，意外地抽中了特等奖。父子二人兑奖后，高高兴兴地回了家。张某从儿子口中获悉此事后，当即找到王某，称：王某某不满10周岁，属于无民事行为能力人，没有能力领取大额奖金，奖金应当归监护人即孩子的

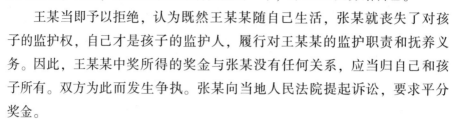

父母所有。因此，张某要求王某将奖金的一半，即 2500 元分给自己。

王某当即予以拒绝，认为既然王某某随自己生活，张某就丧失了对孩子的监护权，自己才是孩子的监护人，履行对王某某的监护职责和抚养义务。因此，王某某中奖所得的奖金与张某没有任何关系，应当归自己和孩子所有。双方为此而发生争执。张某向当地人民法院提起诉讼，要求平分奖金。

【法理分析】

本案争议的焦点是未成年人王某某获得的大额奖金应当归谁所有，是王某某本人还是其监护人，即王某某的父母。这涉及公民的民事权利能力和民事行为能力的问题。我国《民法通则》第 9 条规定："公民从出生时起到死亡时止，具有民事权利能力，依法享有民事权利，承担民事义务。"第 10 条规定："公民的民事权利能力一律平等。"

根据上述法律规定，未成年人当然可以享有民事权利。所谓公民的民事权利能力，是指法律赋予公民享有民事权利，承担民事义务的资格。根据我国《民法通则》的规定，公民的权利能力除了具有内容的统一性、广泛性和实现的现实可能性的特点之外，还具有主体的平等性。民事权利能力是公民参与民事活动、成为民事主体、享受民事权利、承担民事义务的前提或者先决条件。没有民事权利能力，公民就不可能参与民事活动，不可能享有民事权利，承担民事义务。

正确地理解民事权利能力，必须将它与民事权利的概念区别开来。首先，民事权利能力是民事主体取得具体的民事权利、承担具体的民事义务的前提和基础，没有前者就没有后者，反之，有后者必然有前者。其次，民事权利能力是享有民事权利的资格和承担民事义务的资格的统一，所以，民事权利能力的完整称呼应当是民事权利、义务能力，它具有权利能力和义务能力的统一性；而民事权利仅指权利，不包括民事义务。它们在具体的民事法律关系中是一对相互对立、相互对等的概念。再次，民事权利能力不是与生俱来的，而是由国家法律赋予的，它的内容和范围直接由体现统治阶级意志的法律确定；而民事权利则是在具体的民事法律关系中产生的，它的内容和范围直接取决于民事主体的意志。

公民的民事行为能力则是公民能够独立有效地实施民事法律行为的地

位和资格。因此，公民独立进行民事活动，不仅要具有民事权利能力，而且还要具有相应的民事行为能力；如果没有相应的民事行为能力，就必须由他人代理进行。

《民法通则》第12条规定："10周岁以上的未成年人是限制民事行为能力人，可以进行与他的年龄、智力相适应的民事活动；其他民事活动由他的法定代理人代理，或者征得他的法定代理人的同意。不满10周岁的未成年人是无民事行为能力人，由他的法定代理人代理民事活动。"

我国民法之所以要设立行为能力制度，其原因在于具备权利能力，并不意味着自然人都能正确地使用这种能力，要正确地运用权力能力，自然人必须具备成熟的理智，能认识自己行为的后果和意义，如此才能在民事活动中维护自己的利益，承担自己行为的后果。设立民事行为能力制度，至少可以起到两个作用：

其一，保障未获得成熟理智者的利益，使其不因为自己的轻率行为蒙受损失；

其二，维护交易秩序，将未获得成熟理智者排除在其能力不能承担的民事活动或市场活动之外，以免因其误人而又不能承担民事责任的状况发生，影响与其发生法律关系者的利益。

当然，无民事行为能力人或者限制民事行为能力人虽然不能或不能完全以自己的行为参与民事活动，取得民事权利，承担民事义务，按他们进行的纯粹取得民事权利，不损害他人利益的行为是有效的。

对此，最高人民法院《关于贯彻执行＜民法通则＞若干问题的意见》第6条规定："无民事行为能力人、限制民事行为能力人接受奖励、赠与、报酬，他人不得以行为人无民事行为能力、限制民事行为能力为由，主张以上行为无效。"这一解释的目的在于保护无民事行为能力或者限制民事行为能力的未成年人、精神病人的利益，避免其在民事活动中的利益受到损害。

在本案中，5000元奖金应当归王某某所有。王某某作为我国公民，从出生时起就已经具有民事权利能力，他可以依法享有各种民事权利。同时，作为不满10周岁的未成年人，他又属于无民事行为能力人，尽管他不能独立从事民事活动，必须由他的法定代理人，即王某某的监护人王某和张某代理，但其接受奖励、赠与、报酬等纯获利益的行为或者活动却是有效的。

王某某获得的奖金可以由直接抚养他的监护人——王某代为管理，但该笔奖金并不因此而成为父子二人的共有财产。因此，王某关于该笔奖金应当归其与王某某共同所有的说法和张某关于"王某某不满10周岁，属于无民事行为能力人，没有能力领取大额奖金，奖金应当归监护人即孩子的父母所有"的说法，都是不正确的。而王某当提出的"既然王某某随自己生活，张某就丧失了对孩子的监护权，自己才是孩子的监护人，履行对王某某的监护职责和抚养义务"的说法也是错误的。

《婚姻法》第36条规定："父母与子女间的关系，不因父母离婚而消除。离婚后，子女无论由父或母直接抚养，仍是父母双方的子女。离婚后，父母对于子女仍有抚养和教育的权利和义务。"

张某与王某离婚后，并没有丧失对王某某的监护权，仍然是孩子的法定监护人，承担着对王某某的监护职责与抚养义务。最高人民法院《关于贯彻执行<民法通则>若干问题的意见》第21条规定："夫妻离婚后，与子女共同生活的一方无权取消对方对该子女的监护权，但是，未与该子女共同生活的一方，对该子女有犯罪行为、虐待行为或者对该子女明显不利的，人民法院认为可以取消的除外。"

根据上述法律规定，父母离婚后，未与子女共同生活的一方只有具有上述司法解释规定的三项行为之一，并且由人民法院认可，才能被取消监护权。在本案中，张某对王某某并没有犯罪行为、虐待行为或者其他对王某某明显不利的行为，因此，她对王某某的法定监护权是受法律保护的。

监护人如何确定？

【案例】

2003年11月一天的深夜，某市120急救中心接收了一名被车轧伤的男孩。由于伤势严重，男孩被送到急救中心时已经奄奄一息了。这名男孩是被一辆运送沙土的带挂的东风卡车轧在挂车车轮下受的伤。交警接到报案后，立即赶到现场进行了勘察。挂车存在的问题主要是严重超载，另外，主车与挂车之间应该有的防护装置也没有安装。

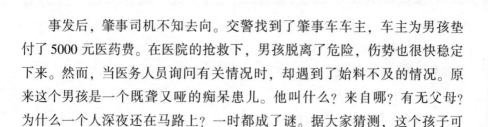

事发后，肇事司机不知去向。交警找到了肇事车车主，车主为男孩垫付了 5000 元医药费。在医院的抢救下，男孩脱离了危险，伤势也很快稳定下来。然而，当医务人员询问有关情况时，却遇到了始料不及的情况。原来这个男孩是一个既聋又哑的痴呆患儿。他叫什么？来自哪？有无父母？为什么一个人深夜还在马路上？一时都成了谜。据大家猜测，这个孩子可能是一个流浪儿。

随着对孩子的进一步治疗，肇事车车主原来垫付的 5000 元医疗费已经远远不够。而且车主认为，交通事故的责任不在自己，应当由肇事司机负责，不愿意再支付孩子的医疗费用。无奈之下，医院找到了交警部门，希望交警部门尽快按交通事故责任处理，落实孩子的医疗费用。但交警部门说，交通事故赔偿问题，如果当事人不能达成一致的话，交警部门无权强制处理，受害人只能向人民法院起诉，要求赔偿。但这个男孩又聋又哑，还是个未成年人，父母家人也没有找到，谁替他打官司呢？

为此事犯难的交警四处打听有关线索，并在新闻媒体上刊登了寻人启事，为男孩寻找家人。日子一天天过去了，并没有人来认领这名男孩。后在多方面的努力下，人民法院指定事故发生地的民政部门担任男孩的监护人，参加诉讼。民政部门作为男孩的代理人向人民法院起诉，要求肇事车车主承担男孩住院治疗的各种费用共 50000 元。

人民法院依法作出判决，由肇事车车主承担交通事故的全部责任，赔偿男孩的医疗费、护理费和继续治疗的费用共计 50000 元。人民法院的判决使男孩的医疗费终于有了着落，民政部门也表示将尽快安排男孩到福利院生活。

【法理分析】

所谓"监护"，是指为无民事行为能力人和限制民事行为能力人设置保护人的制度。所谓"监护人"，是指为无民事行为能力人和限制民事行为能力人设定的监督保护人。被监督保护的无民事行为能力和限制民事行为能力人叫"被监护人"。

根据《民法通则》的规定，公民从出生时起到死亡时止，具有民事权利能力，依法享有民事权利，承担民事义务。因此，公民的民事权利能力，是从出生时就具有的，可以依法享有民事权利和承担民事义务。但是，无

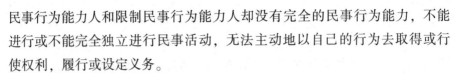

民事行为能力人和限制民事行为能力人却没有完全的民事行为能力，不能进行或不能完全独立进行民事活动，无法主动地以自己的行为去取得或行使权利，履行或设定义务。

无民事行为能力人或限制民事行为能力人一方面难以自我满足生活需要，利益受到侵犯时也没有能力自我保护；另一方面，在其实施不法行为给他人造成损害时，也没有能力承担民事责任。因此，民法规定了监护制度，为其设立监护人。

一、监护具有以下特征：

1. 被监护人只能是无民事行为能力人和限制民事行为能力人；

2. 监护人须为完全民事行为能力人并具有监护能力；

3. 监护人的权利义务是由法律直接规定的，而不是由当事人约定的。

我国《民法通则》第11条规定："18周岁以上的公民是成年人，具有完全民事行为能力，可以独立进行民事活动，是完全民事行为能力人。16周岁以上不满18周岁的公民，以自己的劳动收入为主要生活来源的，视为完全民事行为能力人。"第12条规定："10周岁以上的未成年人是限制民事行为能力人，可以进行与他的年龄、智力相适应的民事活动；其他民事活动由他的法定代理人代理，或者征得他的法定代理人的同意。不满10周岁的未成年人是无民事行为能力人，由他的法定代理人代理民事活动。"因此，为了保护未成年人的合法权益，保障未成年人的健康成长，法律为未成年人设定了监护人。

《民法通则》第16条规定："未成年人的父母是未成年人的监护人。未成年人的父母已经死亡或者没有监护能力的，由下列人员中有监护能力的人担任监护人：（一）祖父母、外祖父母；（二）兄、姐；（三）关系密切的其他亲属、朋友愿意承担监护责任，经未成年人的父、母的所在单位或者未成年人住所地的居民委员会、村民委员会同意的。对担任监护人有争议的，由未成年人的父、母的所在单位或者未成年人住所地的居民委员会、村民委员会在近亲属中指定。对指定不服提起诉讼的，由人民法院裁决。没有第一款、第二款规定的监护人的，由未成年人的父、母的所在单位或者未成年人住所地的居民委员会、村民委员会或者民政部门担任监护人。"

根据《民法通则》的规定，监护人的设定分为法定和指定两种情况，由法律直接规定的为法定监护人，由有关单位和人民法院指定的为指定监护人。未成年人的监护人分为三类：一是被监护人的近亲属，即其祖父母、外祖父母、父母、兄姐。因为近亲属和被监护人在婚姻家庭关系中有一定的扶养义务，近亲属做监护人是其法律义务，不用问其是否愿意；二是近亲属以外的其他关系密切的亲属或朋友，这类人是出于自愿做监护人，并且应当经过有关组织的同意，以防不适合的人担任监护人；三是有关单位和组织，如村民委员会、居民委员会、民政部门。

二、监护人主要有三种情形

1. 未成年人的父母是未成年人的法定监护人。这是我国未成年人监护制度的基本规定。父母是子女最近的直系长辈亲属，且父母对未成年子女负有抚养教育的义务，所以，未成年人的父母在生存期间并且有监护能力时，他们是未成年人唯一的法定监护人。父母对未成年子女的监护权是基于子女出生的法律事实而发生的，除了因为死亡或者按照法定程序予以剥夺外，任何人不得加以剥夺或者限制。

一般情况下，这里所指的父母是指未成年人的生父母，同时也包括养父母和与未成年人形成抚养关系的继父母。根据《婚姻法》的规定，养父母与养子女之间的权利义务适用对父母子女关系的规定，养子女与生父母之间的权利义务关系因收养的成立而解除。因此，未成年人被他人收养后，收养人为其法定监护人，生父母不再是其监护人。夫妻在家庭中的权利是平等的。因此，父母同是未成年子女的监护人，应当共同地行使监护权。一方死亡或者没有监护能力的，则另一方是未成年子女的监护人，单独承担监护职责。

根据《婚姻法》的规定："父母与子女间的关系，不因父母离婚而消除。离婚后，子女无论由父或母直接抚养，仍是父母双方的子女。""离婚后，父母对于子女仍有抚养和教育的权利和义务。"因此，父母离婚后，仍然都有监护职责，仍然是未成年子女的监护人。只是由于未成年子女一般只同离婚后的父母中的一方共同生活，另一方难以顺利行使监护权，所以，监护职责通常由直接抚养子女的一方承担；另一方也有抚养和教育子女的权利和义务。在直接抚养子女的一方不能履行监护职责时，另一方可以请求人民法院撤销原裁决，由自己抚养子女，并承担监护职责。

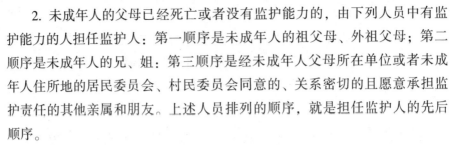

2. 未成年人的父母已经死亡或者没有监护能力的，由下列人员中有监护能力的人担任监护人：第一顺序是未成年人的祖父母、外祖父母；第二顺序是未成年人的兄、姐；第三顺序是经未成年人父母所在单位或者未成年人住所地的居民委员会、村民委员会同意的、关系密切的且愿意承担监护责任的其他亲属和朋友。上述人员排列的顺序，就是担任监护人的先后顺序。

即未成年人监护人首先由有监护能力的祖父母、外祖父母担任；当祖父母、外祖父母死亡或者没有监护能力时，则由有监护能力的兄、姐担任监护人；如果没有兄、姐或者兄、姐已经死亡或者没有监护能力，则由其他关系密切的亲属和朋友担任。但是，其他亲属和朋友担任监护人时，必须是他们自愿承担监护职责，并要经过未成年人父母所在单位或未成年人住所地的居民委员会或村民委员会同意。对担任监护人有争议的，由未成年人的父、母的所在单位或者未成年人住所地的居民委员会、村民委员会在近亲属中指定。对指定不服提起诉讼的，由人民法院裁决。

3. 无上述监护人或者上述监护人没有监护能力的，由未成年人的父母所在单位或者未成年人住所地的居民委员会、村民委员会或者民政部门担任监护人。如果这些单位之间对担任监护人有争议或推诿的，应当由人民法院指定。在案例中，由于男孩是一名又聋又哑的痴呆儿，无法弄清他的父母是谁，工作单位在哪里，也无法弄清他的住所地的居民委员会、村民委员会，因此，无法确定他的监护人。但为维护男孩的合法权益，采取诉讼手段又必须为他指定监护人。在这种情况下，根据《民法通则》第16条第4款的规定，人民法院指定事故发生地的民政部门担任男孩的监护人，代理男孩参加诉讼，是合法的、正确的。

此外，未成年人的父母或者其他监护人也可以将监护职责部分或全部委托给他人，或者用遗嘱的方式为未成年人指定他人担任监护人。这种委托或者指定监护人的行为同样受到法律的保护。对未成年人的监护，到该未成年人成年时随即终止。除了人民法院根据法律规定撤销监护人资格，更换监护人外，任何人不得侵犯、剥夺监护人的监护权，直至监护自然终止。

应当注意的是，监护人、抚养人、法定代理人，虽然在实际上常常是一个人，但这三个概念是不同的，实际含义也不同，而且有时可能并不是同一个人，所以必须注意区分。抚养人是在法律上有一定的抚养义务的人。在绝大多数情况下，抚养人即被扶养的未成年人的监护人。但有时抚养人虽然有财产上的抚养能力，却由于某种原因如生活不能自理、长期不能共同生活等而无法顺利行使其监护权，承担监护职责，这就可能另行委托或指定监护人，对被监护人的财产、人身等利益进行监督、保护。

未成年人的法定代理人，是法律规定的应当代理未成年人进行民事活动的人。未成年人是无行为能力人或者限制民事行为能力人，不能从事与其年龄、智力、能力不相称的民事行为。这些行为必须由法定代理人进行。《民法通则》第14条规定："无民事行为能力人、限制民事行为能力人的监护人是他的法定代理人。"

换言之，监护人和法定代理人必然是同一个人。但担任这两种身份的职责是不一样的，法定代理人的责任就是代理进行民事活动，而监护人承担的监护职责不仅限于代理民事活动。如监护人对未成年人教育、管束等职责，就超出了法定代理人的权限。再如，10周岁以上的未成年人在进行与其年龄、智力、能力相称的民事行为时不需要法定代理人的代理，但此时该未成年人仍然处于监护人的监督、保护之下。

父母侵犯子女隐私权

【案例】

未成年人保护委员会接到14岁中学生李某的投诉，她的母亲经常偷看她的日记、信件，有时还偷听她的电话，使她的心理受到极大伤害。李某是一个很漂亮的女孩，学习成绩优异，母亲对她管教很严，担心她和男同学接触多了会学坏，因此，总是乘李某不在家的时候，翻看她的日记，遇有来信时，母亲总是第一个打开，看完后再给李某，不仅如此，母亲还总是用电话分机偷听李某打电话或接电话，有时，如果有同学找李某，母亲一听是男的，就说李某不在家。

母亲的这些行为让李某很反感，但又无处诉说。因此，她常常跟母亲发生激烈冲突。母亲说这样做是为她好，可是李某认为母亲这是侵犯她的隐私权，认为母亲没有权利这样做。最终李某忍无可忍，投诉其母。李某母亲的行为显然是为了能更多地了解孩子的情况，使李某能够正常健康发展，但这种行为是合法的吗？

【法理分析】

我国《民法通则》第 10 条规定："公民的民事权利能力一律平等。"从这一规定可以看出，未成年人与成年人在享有民事权利的能力方面一律平等，未成年人享有与成年人一样的权利，隐私权作为一项重要的民事权利，既为成年人所享有，也为未成年人所享有。

联合国《儿童权利公约》第 16 条规定："儿童的隐私、家庭、住宅或通信不受任意或非法干涉，其荣誉和名誉不受非法攻击。"我国《未成年人保护法》第 30 条规定："任何组织和个人不得披露未成年人的个人隐私。"

第 31 条规定："对未成年人的信件，任何组织和个人不得隐匿、毁弃；除因追查犯罪的需要由公安机关或者人民检察院依照法律规定的程序进行检查，或者对无行为能力的未成年人的信件由其父母或者其他监护人代为开拆外，任何组织或者个人不得开拆。"

第 42 条规定："14 周岁以上不满 16 周岁的未成年人犯罪的案件，一律不公开审理。16 周岁以上不满 18 周岁的未成年人犯罪的案件，一般也不公开审理。对未成年人犯罪案件，在判决前，新闻报道、影视节目、公开出版物不得披露该未成年人的姓名、住所、照片及可能推断出该未成年人的资料。"《预防未成年人犯罪法》也有相应的规定。

从以上的国际条约及我国法律的规定可以看出，未成年人享有隐私权，任何人不得侵犯。有些父母就如李母一样为了了解子女的情况，常常未经子女允许就私拆子女的信件、偷看子女的日记，或者偷听子女的电话，以为这样可以更加了解子女的想法，其实这种行为不仅伤害了子女的感情，增加子女对父母的不信任感，而且已经侵害了子女的隐私权。

"隐私"是指与个人的私生活密切相关的不愿为人所知的隐秘，"隐私权"是指自然人所享有的对自己的个人秘密和个人私生活进行支配并排除他人干涉的一种权利。随着社会文明的进步和发展，人们越来越重视对他人隐私的尊重和保护，但对于未成年人是否享有隐私权这点上却存在争议，有人认为未成年人年龄尚小，谈不上有什么隐私权，未成年人的父母及其他监护人完全可以支配未成年人的私事。

在这种错误想法的支配下，出现了许多侵害未成年人权益的现象，例如父母私拆未成年人的信件，偷看未成年人的日记，报纸擅自披露未成年被告人的情况等，这对于涉世未深的未成年人造成了深深的伤害，导致他们心灵上的苦闷，甚至引发出一些反社会的行为或离家出走、自杀等恶性事件。事实上，未成年人与成年人一样享有隐私权，任何人不得侵犯。

当未成年人发现父母希望窥探自己的秘密或者有以上行为时，应该有礼貌地告诉父母这是自己的秘密，自己有权保守这些秘密，如果父母不经过自己允许擅自窥探，那么就违反了法律的规定，应该承担相应的法律责任。如果父母不听劝阻，仍旧窥探自己的秘密，未成年人可以向未成年人保护委员会等机构反映，请求这些机构对父母进行批评教育。如果父母侵害自己秘密的行为给自己造成了很大伤害，未成年人也可以直接向法院起诉，要求父母停止侵害、赔礼道歉甚至赔偿损失。

一、父母侵犯子女隐私权的行为

1. 父母私自开拆 10 周岁以上子女的信件，属于侵犯子女隐私权。根据《未成年人保护法》第 30 条的规定，无行为能力的未成年人的信件可以由其父母或者其他监护人代为开拆，根据《民法通则》第 12 条的规定，无行为能力的未成年人是指不满 10 周岁的未成年人。因此，父母只能代为开拆不满 10 周岁子女的信件，对于 10 周岁以上子女的信件，父母不能开拆，否则构成侵犯子女隐私权。

2. 偷看子女日记、电子邮件、窃听子女与他人通电话等行为也属侵犯子女隐私权。

3. 采用暴力、胁迫、引诱等方式要求未成年子女说出内心并不愿意被他人知道的秘密。

4. 私自检查未成年子女的私人物品以窥探未成年子女的秘密。

5. 对未成年子女只说给父母的秘密向外宣扬。

最后需要注意的是，未成年人的隐私权受到特殊的保护，同时在家庭中又受到某种局限。《婚姻法》第 23 条规定："父母有保护和教育未成年子女的权利和义务。"《民法通则》第 18 条规定："监护人依法履行监护的权利，受法律保护"。《未成年人保护法》第 10 条也明确规定："父母或者其他监护人应当以健康的思想、品行和适当的方法教育未成年人，引导未成年人进行有益身心健康的活动，预防和制止未成年人吸烟、酗酒、流氓以及聚赌、吸毒、卖淫。"

从这些法律规定中可以看出，监护人有教育、管理被监护的未成年人的义务，如果父母不履行上述法定义务，需要承担责任。所以在监护人面前为未成年人设置一道严格的隐私权保护屏障是不可能的，也是不公平的，同时也不利于对未成年人的保护。

二、履行监护职责的界限

监护人有权利也有义务了解未成年人的思想和生活情况，以便及时发现问题，进行教育和引导，不能用未成年子女的隐私权来抗拒、架空父母的监护权。

所以对于监护人而言，为了不违反法律的规定，同时又能及时了解未成年人的情况，一方面应该注意培养未成年人独立的人格，锻炼其辨明是非的能力，另一方面要避免与孩子之间形成代沟，要尽量以平等的身份多与孩子交流，这样孩子就会对父母产生信任感，愿意将心中的秘密告诉父母。另外，应该说明的是，只有父母在有充足的理由认为子女有不良行为时，才能以承担监护职责而非侵权为由采用有效方式来了解未成年人的思想和行为，如跟踪、看日记等，但是对此应该严格掌握界限：

1. 要有充足的理由，如子女总是晚归而没有正当理由，或夜不归宿；子女与一些社会上有不良行为的人交往过密等。父母绝对不能以简单的怀疑或好奇等为理由来了解孩子的隐私，理由是否充足要以社会标准而非单纯个人标准来判断；

2. 应以社会标准来判断不良行为，而不能以自己的主观标准来判断。如两个异性朋友之间的通信行为，父母可能认为是不良行为，但从社会的角度来看，这是未成年人成长过程中的正常现象，如果父母私拆信件偷看，那么就是侵害了未成年人的隐私权。而如果父母有充足理由认为13或14岁的子女有与异性发生性行为的情况时，在与子女沟通失败的情况下，就应该采取有效方式了解子女是否存在这一问题。

也就是说，基于监护人责任的法律规定，监护人责任与被监护的未成年人的权利发生冲突是无法避免的现象，从这一概念上说，未成年人的隐私权相对监护人而言是受到某些限制的。

擅自购买贵重物品

【案例】

李某（男，15岁）为某中学中学生。在学校里，李某与同班的一名女生十分要好，有早恋的倾向。班主任和家长多次对李某进行说服教育，但两个人仍然来往密切。2003年11月，适逢女孩的生日，李某特别想为自己喜欢的女孩买一件像样的生日礼物。

放学后，李某独自一人来到商场，四处转悠。在首饰柜台前，李某看到一条款式十分漂亮的项链。他想起：女孩说过，母亲有一条特别好看的项链，每次有重要的场合才戴，自己几次想戴一戴，都被母亲拒绝了。女孩的话深深地印在李某的脑海里，让他极想马上就把项链买下来，但一看价格，李某犯起愁来。项链价值1300元，可他的口袋里只有100元钱。回到家里，李某愁眉不展。妈妈问他，李某想说又不敢说。

到了晚上，李某在床上辗转反侧，难以入睡。这么大一笔钱，问父母要的话，他们肯定要问拿去干什么，如果说是为女孩买礼物，父母又肯定不会给。李某实在想不出一个无懈可击的理由，渐渐地，一个想法在李某的脑海中变得清晰起来：偷父母的钱。李某感到，除了这个办法，实在没有其他途径可以弄到这么大的一笔钱。在晚饭时，他听母亲说：自己刚刚发了工资，明天要存到银行里去。所以，今天晚上就得下手，否则，明天母亲把钱存进了银行，什么都晚了。

想到这里，李某偷偷地爬了起来，来到父母的卧室外，他趴在门边听了一会儿，父母都睡着了。李某悄悄地打开了房门，溜了进去，在床头柜上找到母亲的皮包。打开皮包时，他的心跳得特别的厉害，不时地看着在床上酣睡的父母。皮包一打开，里面厚厚的一沓50元、100元的人民币让李某眼睛一亮。他拿了钱，放好皮包，溜出了父母的房间。回到自己的房间，李某一数，足有1500元。

第二天早晨，李某趁父母还没有起床，早早地爬了起来，背上书包跑了出去。在学校里，李某上完第一节课，就一溜烟地跑到了商场。在首饰柜台前，李某掏出1300元钱，指着那根项链说："我买这个。"

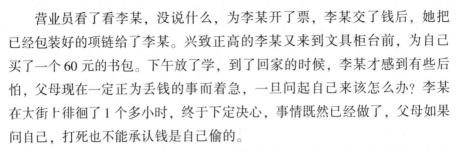

营业员看了看李某，没说什么，为李某开了票，李某交了钱后，她把已经包装好的项链给了李某。兴致正高的李某又来到文具柜台前，为自己买了一个60元的书包。下午放了学，到了回家的时候，李某才感到有些后怕，父母现在一定正为丢钱的事而着急，一旦问起自己来该怎么办？李某在大街上徘徊了1个多小时，终于下定决心，事情既然已经做了，父母如果问自己，打死也不能承认钱是自己偷的。

一进门，李某就感到一种异乎寻常的气氛。父母都坐在客厅里，面色凝重地看着走进家门的李某。面对父母严厉的眼神，李某不由自主地低下了头。"去哪里了？怎么这么晚才回来。"母亲问。

李某支支吾吾地说："我去同学家里做作业了。"

"你拿你妈的工资没有？"父亲的一声喝问，让李某身子一颤，下意识地捂住了书包。

"没有，没有！"李某连声说。

"那你为什么早上招呼也不打就走了？书包里有什么东西？"父亲不由分说，抢过了李某的书包，从里面搜出了一个崭新的书包。"这是哪里来的？"

"我用平时的零花钱买的！"李某相信父亲不会找出藏在书皮里的项链，所以依然在为自己辩解。

让他没有想到的是，父母开始一本书一本书地翻，终于，他们发现了李某语文书的书皮里的异样，并从里面找出了那条项链。在父母的追问下，李某承认了偷钱的事实，并把买项链的情况从头到尾告诉了父母。

李某的父母带着孩子来到商场，要求退货，遭到商场的拒绝。商场认为，物品没有质量上的瑕疵，没有理由给李某退货。双方争执不下，李某的父母将商场诉至法院，以李某为未成年人，无购买贵重物品的行为能力为由，要求判决商场返还商品的价款。

【法理分析】

《民法通则》第12条第1款规定："10周岁以上的未成年人是限制民事行为能力人，可以进行与他的年龄、智力相适应的民事活动；其他民事活动由他的法定代理人代理，或者征得他的法定代理人的同意。"

最高人民法院《关于贯彻执行＜民法通则＞若干问题的意见》第3条

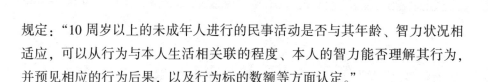

规定："10 周岁以上的未成年人进行的民事活动是否与其年龄、智力状况相适应，可以从行为与本人生活相关联的程度、本人的智力能否理解其行为，并预见相应的行为后果，以及行为标的数额等方面认定。"

因为 10 周岁以上的未成年人虽然具备了一定的理解和判断能力，但其身心仍然处于发育阶段，认识和辨别能力还未完全成熟。对一些重大民事性报酬，他人不得以行为人无民事行为能力、限制民事行为能力为由订立纯获利益的合同及与其年龄、智力、健康状况不相适应的合同，这些合同为效力待定的合同，不发生效力。

效力待定的合同为法律直接规定的，不能将立的所有合同均为效力待定的合同，这取决于合同的内容是否为纯获利益，是否与其年龄、智力、精神健康状况相适应。相适应的并不是效力待定的合同，如果符合其他合同生效要件，合同自成立时即生效；反之，该合同为效力待定的合同。

本案中，李某与商场的买卖合同究竟是什么类型的呢？显然，这个合同不是纯获利的合同，但是否与其年龄、智力、精神健康状况相适应就要进一步分析了。根据最高人民法院《关于贯彻执行＜民法通则＞若干问题的意见》第 3 条的规定，10 周岁以上的未成年人进行的民事活动是否与其年龄、智力状况相适应，可以从行为与本人生活相关联的程度、本人的智力能否理解其行为，并预见相应的行为后果，以及行为标的数额等方面认定。

本案中，李某是未成年人，项链是特殊商品，而且是属于贵重商品，李某作为未成年人对其没有判断能力，不能对合同本身的性质、内容和结果作出判断，这些都超出了其意识能力范围，因此买卖项链的合同应为效力待定的合同，李某父母不予追认，合同无效，双方取得财产、价款的依据消失，应互相返还财产。至于购买书包的合同，应当认定为有效。李某作为中学生对学习用品应当有基本的认识，对合同的内容、性质、后果等有判断的能力，所以，该合同应是有效的。李某父母不能主张该合同无效。

因此，在本案中，商场应该返还李某买项链的 1300 元钱，而对买书包的 60 元钱则不用返还。

父母对青少年的监护职责和抚养义务

【案例】

岳某是独生子，由于父母都在地质勘探部门工作，常年在外，岳某一直由爷爷、奶奶照顾。2003 年 8 月，岳某的爷爷、奶奶去世，岳某回到了父母身边。岳某的父母一年到头没有多少时间在家，根本无暇照顾和教育岳某，使岳某基本上处于一种放任自流的状态，逃学打架、惹是生非成了家常便饭。周围的邻居也跟着遭了殃。

岳某今天打碎这家的玻璃，明天偷走那家的小狗，搞得邻居怨声载道。但由于他是个小孩子，大家也拿他没有办法。其实，岳某自己也挺可怜的。没人照料他，饭只能在街上吃，衣服一两个月不洗一次，蓬头垢面，面黄肌瘦，像个没爹没妈的流浪儿。岳某的情况引起了当地居民委员会的重视，他们找到岳某的父母，希望岳某的父母切实地履行对岳某的监护职责，对岳某不要放任自流，否则再这样下去，孩子很可能走上歧途。

岳某的父母也是一肚子苦衷，由于工作的关系，两个人确实无法照料岳某，在当地又没有其他亲友，只好让岳某自己照顾自己。没能尽到对孩子的抚养、教育义务，他们也很内疚，但实在想不出更好的办法。

【法理分析】

本案中，岳某的情况十分特殊，由于父母无法在身边照顾孩子，在当地又没有其他亲友，只好让未成年的岳某处于一种放任自流的状态。为维护未成年人的合法权益，保障未成年人健康成长，我国《民法通则》、《婚姻法》、《预防未成年人犯罪法》、《未成年人保护法》等均对父母的监护职责和抚养义务作出了详尽的规定。如《民法通则》第 16 条第 1 款规定："未成年人的父母是未成年人的监护人。"

第 18 条规定："监护人应当履行监护职责，保护被监护人的人身、财产及其他合法权益，除为被监护人的利益外，不得处理被监护人的财产。监护人依法履行监护的权利，受法律保护。监护人不履行监护职责或者侵害被监护人的合法权益的，应当承担责任；给被监护人造成财产损失的，应当赔偿损失。人民法院可以根据有关人员或者有关单位的申请，撤销监护人的资格。”

《婚姻法》第21条规定：“父母对子女有抚养教育的义务……”《未成年人保护法》第8条规定：“父母或者其他监护人应当依法履行对未成年人的监护职责和抚养义务，不得虐待、遗弃未成年人；不得歧视女性未成年人或者有残疾的未成年人；禁止溺婴、弃婴。”

根据上述法律规定，父母应从以下几个方面履行对未成年子女的监护职责和抚养义务：

一、首先从物质上履行对未成年子女的抚养义务和监护职责，父母必须从物质上、经济上对未成年子女进行养育和照料，使子女身体能够健康成长，这是最重要的监护职责和抚养义务。

二、保证未成年子女接受义务教育的权利。父母不得阻碍适龄子女入学或迫使其中途辍学。《未成年人保护法》第9条规定：“父母或者其他监护人应当尊重未成年人接受教育的权利，必须使适龄未成年人按照规定接受义务教育，不得使在校接受义务教育的未成年人辍学。”

三、加强对未成年子女的教育和管理。通过全方位的教育引导未成年子女养成良好的品质，使他们在德、智、体、美、劳等诸方面都能得到健康发展。在加强教育的同时，也应加强管理，密切关注未成年子女的行为，防止他们作出与年龄不符的不良行为。《未成年人保护法》第10条规定："父母或者其他监护人应当以健康的思想、品行和适当的方法教育未成年人，引导未成年人进行有益身心健康的活动，预防和制止未成年人吸烟、酗酒、流浪以及聚赌、吸毒、卖淫。"

《预防未成年人犯罪法》第14条规定："未成年人的父母或者其他监护人和学校应当教育未成年人不得有下列不良行为：（一）旷课、夜不归宿；（二）携带管制刀具；（三）打架斗殴、辱骂他人；（四）强行向他人索要财物；（五）偷窃、故意毁坏财物；（六）参与赌博或者变相赌博；（七）观看、收听色情、淫秽的音像制品、读物等；（八）进入法律、法规规定未成年人不适宜进入的营业性歌舞厅等场所；（九）其他严重违背社会公德的不良行为。"第15条规定："未成年人的父母或者其他监护人和学校应当教育未成年人不得吸烟、酗酒。任何经营场所不得向未成年人出售烟酒。"

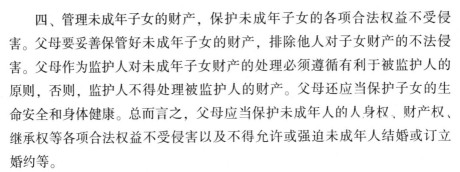

四、管理未成年子女的财产，保护未成年子女的各项合法权益不受侵害。父母要妥善保管好未成年子女的财产，排除他人对子女财产的不法侵害。父母作为监护人对未成年子女财产的处理必须遵循有利于被监护人的原则，否则，监护人不得处理被监护人的财产。父母还应当保护子女的生命安全和身体健康。总而言之，父母应当保护未成年人的人身权、财产权、继承权等各项合法权益不受侵害以及不得允许或强迫未成年人结婚或订立婚约等。

五、代理未成年子女进行民事活动和诉讼活动。未成年人是无民事行为能力人或者限制民事行为能力人，他们的民事活动应当由监护人代理进行或者经监护人同意后进行，限制民事行为能力人可以实施一些与他们的年龄智力状况相适应的民事活动。监护人在代理民事活动时，他与被监护人就形成了代理人与被代理人的关系。监护人应当遵守《民法通则》对代理人的规定，要为被代理人的利益进行民事活动，不得滥用代理权或者作出损害被代理人利益的行为。被代理人的诉讼活动，也应当由监护人代理进行。

六、当未成年子女对他人造成损害时，父母应当承担民事责任。管理、教育被监护人是监护人的职责，当被监护人给他人造成损害时，就应当由监护人承担民事责任。《民法通则》第133条规定："无民事行为能力人、限制民事行为能力人造成他人损害的，由监护人承担民事责任。监护人尽了监护责任的，可以适当减轻他的民事责任。有财产的无民事行为能力人、限制民事行为能力人造成他人损害的，从本人财产中支付赔偿费用。不足部分，由监护人适当赔偿，但单位担任监护人的除外。"

由此可见，作为监护人，父母的监护职责和抚养义务是法定义务，必须履行。不能想履行就履行，不想履行就不履行。现实生活中，确有一些监护人，特别是未成年人父母以外的其他监护人，往往不履行监护职责和抚养义务。他们认为被监护的未成年人不是自己生的，没有监护和抚养的义务，有的人虽然知道自己有监护职责和抚养义务，但就是不履行，他们对未成年人放任自流，撒手不管，不照管他们的生活，剥夺未成年人的受教育权，不照管未成年人的财产或者随意处理被监护的未成年人的财产，当未成年人对他人造成损害时，不履行赔偿义务，不对未成年人进行管束和教育，更有甚者，除了不履行监护职责和抚养义务外，还折磨、虐待未成年人，侵犯他们的合法权益。

这一切行为都是错误的，而且是违法的。如果父母不依法履行上述职责和义务或者侵害未成年子女的合法权益的，除了进行法制宣传教育外，有关部门如派出所、居委会、父母所在单位等应对其进行批评教育，经教育不改的，法院可以根据有关人员或单位的申请，撤销其监护人的资格，依法另行确定监护人。对于那些不履行抚养义务或者虐待、遗弃未成年人的监护人，要依法进行处理。

在本案中，岳某的父母由于客观条件的限制，无法履行对岳某的监护职责和抚养义务。在这种情况下，为了岳某的健康成长，他们可以委托当地居委会代为履行对岳某的监护职责，管理和教育岳某并照顾岳某的日常生活。根据我国《民法通则》第16条的规定，未成年人的父母是未成年人的监护人。

未成年人的父母已经死亡或者没有监护能力的，由下列人员中有监护能力的人担任监护人：（一）祖父母、外祖父母；（二）兄、姐；（三）关系密切的其他亲属、朋友愿意承担监护责任，经未成年人的父、母的所在单位或者未成年人住所地的居民委员会、村民委员会同意的。没有第一款、第二款规定的监护人的，由未成年人的父、母的所在单位或者未成年人住所地的居民委员会、村民委员会或者民政部门担任监护人。因此，在父母无法履行监护职责和抚养义务，又没有其他监护人的情况下，由当地居委会担任未成年人的监护人，是有法律根据的。总之，让岳某放任自流的做法是不可取的，不但不利于未成年人的健康成长，也是对社会不负责任。

家庭暴力致其死

【案例】

小华是北京某中学初一年级学生，在学校里他不完成作业，上课的时候经常捣蛋，还经常带刀到学校恐吓比自己小的学生。两个月前，小华在学校门口持刀抢劫，被学校保安抓住之后，通知了他的父母，叫他的父母好好教育他们的孩子。母亲把小华领回家之后，非常气愤，认为儿子已经无可救药了，为了教育儿子好好学习，好好做人，母亲把儿子绑在椅子上，用笤帚狠狠地抽打。意想不到的是，由于出手太重，小华被活活打死。检察机关向法院提起诉讼。法院判决小华的母亲犯过失致人死亡罪，依法追究了其刑事责任。

【法理分析】

对未成年人实施家庭暴力，是指未成年人的父母或者其他家庭成员对未成年人以打骂、冻饿、关闭、捆绑、有病不医、强迫超体力劳动、限制自由、凌辱人格、歧视等手段，从肉体及精神上对未成年人进行摧残迫害的行为。对未成年人实施家庭暴力不但是违法行为，情节严重的将会导致犯罪。

首先，我国《宪法》规定："公民的人身权利不受侵犯。"未成年人作为我国公民的一部分，作为独立的法律主体，依法同样享有这一权利。我国《宪法》规定的人身权利不受侵犯包括身体健康不受侵害，生命不得剥夺，人身自由不受限制和剥夺以及人格尊严不受侵害等方面。因此，对未成年人实施家庭暴力，侵犯未成年人的身体健康、人身自由和人格尊严的行为是一种违法行为。

其次，我国《未成年人保护法》第8条明确规定："父母或者其他监护人应当依法履行对未成年人的监护职责和抚养义务，不得虐待、遗弃未成年人；不得歧视女性未成年人或者有残疾的未成年人；禁止溺婴、弃婴。"这是禁止对未成年人实施家庭暴力的法律依据。从这条规定可以看出，凡是对未成年人实施家庭暴力的行为都是违法行为。对未成年人实施家庭暴力的违法者，要视情节的轻重承担相应的法律责任。我国《未成年人保护法》第52条规定："侵犯未成年人的人身权利或者其他合法权利，构成犯罪的，依法追究刑事责任。"

若经常性、连续性地对未成年人实施家庭暴力，且情节恶劣的，将构成我国《刑法》第260条所规定的虐待罪，依法要承担刑事责任；如果实施家庭暴力致未成年人重伤或者死亡的，便构成我国《刑法》第233条所规定的过失致人死亡罪，同样可以依法对行为人追究刑事责任。

在本案中，小华的母亲为了教育孩子而活活将其打死，以过失致人死亡罪追究。

很多父母通过对未成年人实施家庭暴力这种家庭教育方式教育孩子，主要原因有家长对未成年子女的期望值过高，秉承"不打不成才"的信条，对子女缺乏耐心，常有恨铁不成钢的感觉，对未成年人做错事，或成绩不佳，不是帮助孩子冷静分析，找出问题症结所在，而是采用最原始、最简单、最粗暴的教育方法——打、骂、饿、冻。

这些家长，平时往往对孩子放纵不管，一旦孩子出了问题，则棍棒交加，"严刑酷法"，打得孩子遍体鳞伤，或者冷嘲热讽，用恶毒的言语摧毁孩子的自尊和自信。那些经常遭受肉体上、精神上施暴的未成年人，往往自暴自弃，形成"我不是好人"的心理定势，在充斥家庭暴力或家庭成员中存在反常人格的环境中，不少未成年人变得孤僻，缺少克制和同情心，他们了解被打的痛苦，更希望有打人的愉快，长大后，他们会用家庭教给的残酷和暴力去征服比他们弱小的群体。有很多未成年人实施暴力犯罪与他们受暴力家庭环境的影响有直接关系。

因此，从对未成年人司法保护这个角度来看，依法追究对未成年人实施家庭暴力行为人的法律责任，一方面保护了未成年人的合法权益，另一方面也能起到预防未成年人犯罪的作用。

青少年犯罪的发展趋势

【案例】

2004 年 3 月，某市公安局向媒体通报，一个长期以中小学生为抢劫对象的少年犯罪团伙被当地派出所抓获。被抓获者中，年龄最大者仅 15 岁，最小者 12 岁，全部是年幼辍学者，大部分都来自单亲家庭，平时缺少家庭和社会关爱，他们基本都是在网吧相识的，这些孩子经常沉溺于网吧，甚至长时间不回家，吃饭、睡觉均在网吧内，没有钱吃饭和上网时就纠集出去抢劫。

该团伙成员利用年纪小、体形小的"优势"，先后实施入室盗窃 6 起，盗得大量现金和家电。这个犯罪团伙平时经常在学校周围采用持刀搜身、暴力威胁等手段对同学及过往行人实施抢劫。抢劫过程中，受害人的所穿

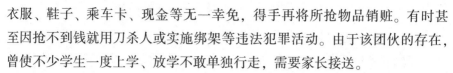

衣服、鞋子、乘车卡、现金等无一幸免，得手再将所抢物品销赃。有时甚至因抢不到钱就用刀杀人或实施绑架等违法犯罪活动。由于该团伙的存在，曾使不少学生一度上学、放学不敢单独行走，需要家长接送。

【法理分析】

近年来，青少年违法犯罪人数呈上升趋势，犯罪手段不断向成人化、智能化发展、犯罪类型也多种多样。青少年犯罪问题已成为社会问题，引起了人们强烈的反响。据全国的统计数据表明，刑事涉案的青少年数占同龄人的比例，10年间翻了一番。目前，18岁以下的青少年犯罪占犯罪总人数的14%，让人触目惊心，更令人忧虑的是青少年犯罪的发展趋势呈现出了四大特点：

一、团伙犯罪增多。青少年违法犯罪中，有相当一部分是团伙犯罪（如：结伙抢劫、结伙偷盗等）。他们往往模仿武侠小说、武打影片中帮派活动的形式，结伙成帮、结帮成派，共同进行犯罪活动。本案中的犯罪集团便是当今青少年团伙犯罪的典型。

二、暴力犯罪突出。青少年模仿性较强，犯罪时带有很大的盲目性，往往不顾一切，不计后果，仅凭一时冲动实施故意杀人、故意伤害、抢劫、强奸、纵火等暴力型犯罪。青少年犯罪虽然年龄小，但作案手段十分凶残。他们人小胆大，不计后果。

三、犯罪类型多样。青少年犯罪涉足的类型越来越广，除盗窃、抢劫、伤害等传统型犯罪外，对一些新类型案件，如绑架勒索、吸毒贩毒等也有所涉足。

四、犯罪年龄偏低。据调查，20世纪90年代以来的青少年犯罪的初始年龄比70年代提前了2~5岁，13岁以下的犯罪明显增多。青少年犯罪中，在校生犯罪占据了相当比例，犯罪低龄化趋势日渐明显，初犯年龄越来越小。

本案中，这些年幼辍学少年组成的低年龄犯罪团伙，作案方式多样，手段残忍，给社会带来了极大的危害。互联网等新兴媒体的快速发展，给青少年学习和娱乐开辟了新的渠道。同时，腐朽落后文化和有害信息也通过网络传播，腐蚀青少年的心灵。在各种消极因素影响下，少数青少年精神空虚、行为失常，有的甚至走上违法犯罪的歧途。

本案中，这群犯罪团伙的青少年都是辍学者，而且很多是因为家庭变故而使得他们心理扭曲，他们没有得到更多的温暖和关爱。为防止因父母离异的家庭而使得孩子不能享受教育的权利，我国相关的法律法规明确规定了父母的义务，以确保青少年受教育权利的实现。

我国《宪法》第46条规定："中华人民共和国公民有受教育的权利。"第49条规定："父母有抚养教育未成年子女的义务。"《预防未成年人犯罪法》第21条规定："未成年人的父母离异的，离异双方对子女都有教育的义务，任何一方不得因离异而不履行教育子女的义务。"

在对子女进行教育方面，思想道德教育是最主要的。中共中央国务院关于《进一步加强和改进未成年人思想道德建设的若干意见》指出："家庭教育在未成年思想道德建设中具有特殊重要的作用，要把家庭教育与社会教育，学校教育紧密结合起来。"

确实，家庭教育既是基础教育又是终生教育，对一个人的启蒙、成长、成才起着奠基作用，其教育效果，不仅直接影响孩子的前途和家庭的幸福，也关系到整个社会风气的优化，国家、民族的兴盛。

暴力阻止母亲再婚

【案例】

黄某今年17岁，是某高级中学高三年级学生，由于她平时学习成绩一直是班上第一，老师很宠爱她，再加上黄某的母亲也是她们学校的老师，别的同学都觉得她很幸福。可是对于黄某来说，最为不幸的是黄某的母亲两年前离婚了，黄某跟随母亲一起生活。

不久前，母亲认识了他们学校刚调来的一个老师。老师姓吴，经过一段时间的交往，双方都比较满意，相互了解了一段时间之后，觉得条件成熟，两人商量起结婚的事情来。黄某的母亲回家跟女儿把事情说了，立即遭到黄某的极力反对。她坚决反对母亲与别的男人的结合，她不愿意让别的男人做自己的爸爸，同时她也忍受不了同学们在自己背后的指指点点。

尽管吴老师对她很是关心，可是心里的那一丝反叛却无法容忍自己有一

家庭篇

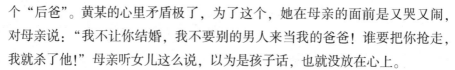

个"后爸"。黄某的心里矛盾极了，为了这个，她在母亲的面前是又哭又闹，对母亲说："我不让你结婚，我不要别的男人来当我的爸爸！谁要把你抢走，我就杀了他！"母亲听女儿这么说，以为是孩子话，也就没放在心上。

接下来的几天里，黄某非常地沮丧，她认为妈妈之所以会再结婚，都是因为那个该死的吴老师引起，如果没有他的存在，妈妈就不会再结婚了。为了让吴老师死了和妈妈结婚的心，她一直想了很多办法来阻止，可是她觉得除了给吴老师颜色看看使他退却之外，已经没有别的更好的办法。有一天，她走到吴老师家，面无表情地对吴老师说："我妈妈不会和你结婚的，我不能接受你！"回家后，妈妈狠狠地把她训了一顿，黄某以为这一切都是吴老师惹的祸，对他更加充满了敌意。第二天，她冲进了吴老师的家，掏出水果刀，朝吴老师小腹扎了过去，造成吴老师轻伤。公安机关依法将黄某拘留。

【法理分析】

我国《婚姻法》规定了结婚和离婚的实质条件和程序条件。只要符合法律的规定，就是合法行为，任何单位和个人都不得加以干涉和阻挠。如果以伤害等暴力手段阻止他人结婚、离婚，就可能构成暴力干涉婚姻自由罪。为了保护公民的合法权益，我国《刑法》第257条明确规定："以暴力干涉他人婚姻自由的，处2年以下有期徒刑或者拘役。犯前款罪，致使被害人死亡的，处2年以上7年以下有期徒刑。"

我们知道，婚姻自由是法律赋予公民的一项基本权利。婚姻自由包括结婚自由、离婚自由和再婚自由。也就是说，任何人都有自主决定是否结婚、何时结婚、与谁结婚、是否继续维持婚姻关系的权利。暴力干涉婚姻自由罪，是指以暴力干涉他人婚姻自由的行为。婚姻自由权利，包括结婚自由权利和离婚自由权利。

干涉他人婚姻自由，即是指强制他人与某人结婚或者离婚，禁止他人与某人结婚或者离婚。要构成暴力干涉婚姻自由罪，必须符合以下构成要件：首先，行为人必须实施了暴力行为。所谓"暴力"，指用殴打、禁闭、捆绑、抢掠等方法对人身进行强制或者打击。如果行为人只干涉婚姻自由，但没有使用暴力方法的，不能成立本罪。其次，暴力行为必须是干涉婚姻自由而实施。再次，行为人必须具有主观上的故意。

一般来说，在以下两种情况下，年满 16 周岁的未成年人可以构成暴力干涉婚姻自由罪。一种是暴力干涉父母的婚姻。有些未成年人把父母再婚看成是丢人现眼的事，认为父母再婚会导致其对自己感情和关爱的减少，所以对父母再婚横加干涉，严重地甚至采用暴力手段。本案即是其中典型一例。另一种是有早恋早婚行为的未成年人干涉他人的婚姻。例如暴力干涉恋爱多年的对象与他人的婚姻或者强迫他人与自己结婚，都是暴力干涉婚姻自由罪的表现形式。但暴力干涉他人的自由恋爱行为，原则上不构成暴力干涉婚姻自由罪。

　　在本案中，黄某由于不满母亲的再婚，仇视将与母亲再婚的吴老师，并因此对吴老师造成了人身伤害，主观上具有暴力干涉吴某婚姻自由的故意，客观上实施了暴力干涉的行为，因此黄某的行为构成了暴力干涉婚姻自由罪，依法应当承担刑事责任。

网络篇

把网吧当成家

【案例】

当王某从晚报的"寻人启事"中看到寻找自己的消息时，他已经一个多月没回家了。一切都因为自己迷恋上了网络。

晚报的消息说，当爸爸听到自己已没在学校时，赶快到网吧去找，好几次都没找着。爷爷、奶奶、爸爸、妈妈也放下工作，举着他的照片敲开无数间网吧，找遍了火车站、旅馆、地下通道等所有能想到的地方，但是仍然没有任何线索。在一个多月的时间里，年迈的奶奶病倒了，妈妈的眼泪不知流了多少，爸爸也苍老了许多，本来和美的家庭一多月来生活在悲伤和焦虑中。

王某是在一年前迷上了电脑，刚一开始，主要是玩游戏，后来又迷上了上网聊天。但慢慢地，他就一进网吧就控制不了自己。最初是玩的时间太长了，就在外面过夜，后来，由于怕回家受责备，就干脆连家也不回了。为此，父亲把他送到一所寄宿制学校，学习成绩上升很多，但他还是没能控制住自己。"不是我不小心是无法抗拒。"他深深地自责着。

一个月来，自己住的是什么地方呀！在那些看起来很普通的小胡同里，隐藏着一个地下网吧群，在大杂院里，像小仓库一样的房间内摆满了电脑，坐满了和自己差不多大的孩子。而一些被国家明令禁止的经营性游戏和黄色暴力不良网站在电脑屏幕上随处可见。因为是地下经营，而且条件极差，所以这些地方的价格都比较便宜，主要的经营对象就是没有多少经济能力的孩子。也同样是因为地下经营，逃避国家有关管理部门的制约，就非法为少年儿童提供游戏服务和不良网站，有的甚至只要给点钱，就管吃管住，孩子不回家，就住在网吧里。这就是自己的一个月来的"家"，也许还有别的一些和自己一样的人。

这一个多月中，他除了有时去朋友家睡觉之外，几乎一直生活在网吧里。离开学校一个月的他，决定回家了，他想家，想爸爸妈妈，还有每天上午叫他起床，给他端来早点的奶奶，还有那未完成的作业。

他终于回到了家里。没有谁呵斥他，大家在安慰他，稳定他的情绪。家长找到了学校，一同做他的思想工作；找到了心理医生，为他进行了心理咨询。王某终于恢复了正常的学习和生活，并且以自己的亲身经历积极地开导身边一些正痴迷网吧的同学。

【法理分析】

随着电脑网络技术的普及，学电脑、上网络已日益成为未成年人闲暇生活的重要组成部分。据调查：在全国1700多万网民中，12～25岁年龄段成为上网族中的主力军。在中小学生中，上网已成为他们的假期生活的主要内容。某市调查也显示，该市已有42.9%的青少年选择"上互联网"作为自己的重要休闲方式。此外，现在不少大学班级尤其是毕业班都在网络上面申请了BBS专版或建立了集体网页，这些专版或网页一旦设立就成为相关青年的公共领域而吸引这些青年经常前来访问。

据统计，在全部上网人员中，35岁以下的青少年占86%左右，因此，包含未成人在内的广大青少年群体已经成为中国网络用户的主要群体。由于互联网具有全球性、开放性、交互性、及时性、综合性等特点，其运用必将对青少年的思想观念、生活方式乃至综合素质等带来全方位的影响。

一、上网给青少年带来一系列的问题：

1. 一些未成年人玩起游戏来，不加节制，沉迷不能自拔。

2. 一些人更钟情于聊天，大有网恋成风之势，这是学校、家庭和社会所未曾料及的。

3. 非法网吧危害青少年健康成长的问题时有发生，如北京"蓝极速"网吧发生纵火事件等。

网络篇

由此看来，未成年人网络保护问题摆在全社会面前的，是一个并不轻松的任务。

二、采取防范措施

真正的家园不在网吧中，这是应该教育未成年人的。如何筑起孩子的家园呢？

1. 网络业在推出更多有益青少年健康成长的网站内容的同时，也应当治理整顿那些给孩子们提供网上游戏、黄色暴力等内容的地下网吧。让那些遵守行业规定和接受规范管理的网吧，能给孩子上网提供一个相对健康的环境。

2. 有关部门要规范管理，改善孩子正确使用电脑和网络的外部环境。

3. 通过家长和老师的指导教育，加强未成年人的辨别、控制力，让他们正确地利用先进的工具，这样，网络才能给未成年人带来积极的影响。

全社会都要来关心、管理网吧问题，共同担负起教育下一代的任务，这是人民的需要，这是祖国的需要。只要我们努力处理好网吧的管理与发展关系，对网吧整顿形成齐抓共管的局面，对青少年教育做到常抓不懈，那么，我们就能为青少年营造一个健康向上的文化氛围，他们就能与高速发展的网络时代同步前进。

少年网恋

【案例】

一些中学生因为迷恋网络而犯罪、甚至自杀的消息频频见诸报端：某市6名平均年龄为15～16岁的辍学学生因为没钱上网，而在市区实施抢劫；某地一名连续三个通宵上网的少年，因父亲不准他再去网吧，竟从四楼窗口一跃而下，以身"殉"网；一名高中生因浏览黄色网站而出现了情感性精神障碍⋯⋯

以下这个故事更具典型性：

一名沉迷于网恋的大学男生，因为"恋爱"不成，竟然轻率地选择自杀。一天晚上，某大学一间宿舍内，一年级男学生江某被发现用围脖吊死在床边，在他留下的遗物中，有一个木箱中整齐地放着磁盘、信件等物品，

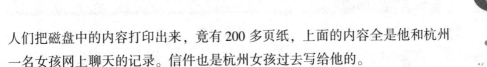

人们把磁盘中的内容打印出来，竟有200多页纸，上面的内容全是他和杭州一名女孩网上聊天的记录。信件也是杭州女孩过去写给他的。

同室的同学回忆说他与一名女孩网上聊天至少有两年了。女孩据说各方面挺优秀。两人虽然从未谋面，但感情已非同一般，江某就这样堕入了网恋，把两人聊天的所有内容都记录在磁盘中，女孩给他写了不少信件，有时寄来礼物。前不久，女孩还寄来自己的照片，表明了想与江某进一步发展关系的意思。但后来，江某曾说过和女孩的关系产生波折的话，并对同学说要去见女孩一面。自杀前一天，他回家要钱想去，但没有要到钱。此后，有同学看到他哭了一场。他的一位同学回忆说，江某曾在有三天晚饭后独自呆在校园的假山上，但没料到他会在那里跳水自杀。江某自杀后，女孩还打来两次电话找他，但师生没有把自杀的消息告诉她。

【法理分析】

"网婚"已成为继"网恋"之后的又一新词汇。目前国内不少网站都开辟了虚拟婚姻内容的社区，诸如"网上人家"，"GAMENOW"等。因为好奇而加入"网婚"一族的中学生让成年人感到无法理解，但确实存在。有关教育专家分析，青少年"网恋"有各种原因和问题：

一、上网寻求寄托和解脱。不少人在现实中遭受失恋或其他挫折后便上网寻求寄托，进行发泄。

二、过分迷恋网恋，付出太多。不少青少年对网恋虚幻性缺乏认识或认识不足，一味真情、痴情地付出，结果是"竹篮子打水——一场空"，感情受到很大伤害。

三、游戏感情。或出于不相信网恋具有真实的一面，或由于水性杨花，一些青少年上网只是"玩玩"，他们大肆与异性网友调情、矫情，却缺乏真情、责任心，一方面有可能给真诚的一方造成严重的情感挫伤，另一方面则不利于自己情感的健康发展。

四、情感挫伤。青少年情感强烈，投入往往很大，但对于后果缺乏心理准备，容易造成心理挫伤。总的来看，网恋花费大量的时间和精力，耽误正常的学习与作业时间，为自己的前途发展埋下隐患。中学生刚刚接触社会，辨别是非的能力还不高，过多地接触网络，中学生缺少与社会的接触，容易产生内向、孤僻的性格，做事急躁、冲动，对网络恋情寄予厚望。如果遭受到网恋的打击，必会影响自己的情绪，并且把这种情绪带到平时的学习与生活中，给心理造成不可磨灭的阴影。

所以，我们要引导青少年了解网恋的严重后果，教育他们在情感上要进行合理的控制，告诉他们要正确地对待网上交友，保证广大青少年朋友的情感朝积极、健康、平稳的方向发展。

QQ "勾" 起了少儿心弦

【案例】

生于富裕家庭，自以为很聪明的"骄傲公主"做梦也没想到，网上QQ聊来的"心上人"竟然在骗财骗色后一去无踪。

她因为家里有钱，因而自己也就有钱，然而，她的成绩一向不好。所以，金钱掩饰不了她知识的贫乏。而且，由于父母都是跑生意的，没时间管她。孤独、郁闷的她放寒假时迷上了网上QQ聊天，每天都挂在网上，以"南国红豆"为名广交网友。终于，一位名为"最相思"的男子与她越聊越投机。得知"南国红豆"目前的状况后，"最相思"总是用最温暖的话表达自己对她的关心，最终打动了"南国红豆"的心。

一天，两人见了面，在"南国红豆"的眼中，"最相思"一点儿也没有让自己失望，他英俊有才华，而且是一家合资企业的白领。两人感情进展飞速，不久他便将她带到自己的租房里，简陋的条件更让"南国红豆"下决心与这个万事靠自己努力拼搏的"有志青年"天长地久。很快，两人感情突破了理智的防线，做了不该做的事情。不过"南国红豆"一点也不后悔，直到一个多月后，"最相思"告诉"南国红豆"，公司要派他出国培训半个月。她生怕他在外面受委屈，便将压岁钱8000元借给了他，后来"最相思"说国外花销大，她又向妈妈要了2000元全部交给"最相思"，谁知他从此一去无踪，手机停机后就没有再开。

【法理分析】

调查发现，有66.7%的学生在网上聊过天，网上交友已成为青少年交往的重要形式。在聊天之后，选择与对方通电话的比例为27.2%；选择见面的比例为 14.3%；选择写信或发电子邮件的比例为 34.5%。

网络交友聊天工具为网友间的交流提供了极大的便利。许多网友在网络中找到了知心的朋友，获取了很多有用的知识，解决了许多学习和工作中的疑难问题，许多网友受益匪浅，但网络毕竟是不见面的交流，网络超越了时空的障碍，边际模糊，网友形形色色，很容易使涉世未深的青少年产生虚幻的感觉。尤其是一些"网友"利用网络进行欺骗的行为时有发生。一些人交上网友后，分不清现实和虚拟，总把两者等同起来，这就为网络欺骗提供了方便之门。

基于这种忧虑，QQ 提醒网友，特别是青少年网友在参与网络活动中注意以下事项，加强自我保护：

一、虽然 QQ 扩大了网友的交际面，使用方便，很容易在网上找到天南地北的网友，但青少年网友要注意区分网络与现实的区别。

二、正如有人利用电子邮件传播不良信息一样，同样会有少数人利用聊天工具散播一些无聊的、有害的公众信息以达到其个人非法目的。网友在网络活动中应守法自律，不要参与有害和无用信息的制作和传播。

总之，网络空间永远只是我们观念中的空间。当网络中的"白马王子"走入现实中的你时，请用现实的眼光来看待，请用现实的方式来交往。这样，网络和现实才会相得益彰。

痴迷网络导致犯罪

【案例】

甘某于 1987 年出生于云南省某农村，家境贫寒，自幼性格内向，平时成绩平平，又因为家里贫困供不了他上学，初中上了两年便辍学在家。农闲时，甘某到矿山、建筑工地打工挣钱，在众人的眼中，他是一个非常本分、能吃苦耐劳的孩子。

2003 年 3 月，甘某在家乡某县打工时跟朋友学会了上网，刚开始上网便感到很新鲜刺激，渐渐发展到痴迷的地步。自此后，甘某便沉溺于网吧，打工挣的 3000 多元钱很快便花光了。为筹资上网，他翻箱倒柜偷父母的钱、偷哥哥的钱，最后发展到偷家里的粮食、鸡蛋等卖钱上网。父母发现后多次打骂他，但仍未把他从网吧中拉回来。他整日生活在网络虚幻的世界中，上网已成为他生活中不可缺少的一部分。

2003年9、10月份，甘某无法忍受没有网上的孤独，家里值钱的东西都被他偷出去卖光了，无钱上网的甘某产生了盗窃他人钱物的念头。他首先想到同村伙伴张某家，张某的爸爸是煤矿的老板，妈妈是一所高级中学的老师。所以他认为张某家一定有很多钱。

2003年10月20日下午3时许，甘某假装到张某家玩耍便四处窥看，甘某借张某去上厕所之机，拿出了事先准备好的钳子撬张某家的保险柜。张某上厕所回来后，看见甘某要偷他家的钱，于是大声叫起来，叫声惊动了邻居王阿姨，她听到叫喊声后马上赶了过来，甘某大脑一片空白，跑到张某家的厨房拿起菜刀乱砍乱舞。当他看见张某满身是血，王阿姨也倒在院里时，清醒过来的甘某这才知道闯下了大祸，他顺手把电话线一把拽断，跑到附近的火车站，搭火车逃至贵州某县。

长时间在外的流浪生活，甘某很快将身上仅有的一点钱花了个精光，甘某四处流浪受尽了苦头，无奈之下给家里打电话说他很想回家。2004年7月7日，甘某被公安干警抓获归案。

庭审中，坐在刑事附带民事诉讼原告人席上的张某父女痛不欲生，多次放声大哭，张某的面部留下了深深的伤痕，并因极度的惊吓而经常精神恍惚。甘某望着威严的法官，看着小时候和自己一起长大的张某，听着王阿姨的儿子王某失去母亲后痛苦的哭泣，流下了悔恨的泪水……

在法庭让他作最后陈述时，甘某说了一段发人深省的话："案发以前，我是一个老实本分的少年，我家里很穷，我也苦苦地学习，可是不管怎么学成绩也只是一般。在学校里，我从来没有受过任何处罚。我虽然退学了，可是我一点没有后悔，因为父母为了供我上学，每天都早出晚归，我也想挣点钱，可是自从迷上了网吧，我的精神世界便发生了巨大的变化，一味沉溺于网络虚幻的世界，我没有想到我今天会变成杀人犯，我真的想不到。我偷钱只是为了上网，由于被发现害怕，我丧失了理智及人性。杀人后，我整日生活在罪恶及后悔之中，我愿接受法律的严惩，所以请法官不要手下留情，看着张某和她爸爸都哭成了这个样子，还有王阿姨的儿子是如此的悲伤，我心里难受极了，你们一枪毙了我吧，这样好对受害者家属有个交代……"

这是甘某的肺腑之言，隐含着无尽的后悔，但这一切似乎来得太晚了。假如一切可以重来，假如有人能正确引导他接触网络，假如……但法律是无情的，只要你触犯了它，最终会受到严厉的惩罚。

【法理分析】

抢劫罪，是指以非法占有为目的，以暴力、胁迫或其他令被害人不能抗拒的方法，当场强行劫取公私财物的行为。法律规定凡是年满14周岁并且能辨认和控制自己行为的人都能构成此罪。现实生活中，抢劫犯在实施抢劫的过程中往往同时也侵犯了他人的人身权利。本案中甘某因迷恋了上网，先是偷家里的东西，而后再到邻居家盗窃时，抗拒他人的追捕，使用暴力，造成他人受伤和死亡，已构成抢劫罪，因此应当受到法律的制裁。

信息时代的到来，带来了科学技术的突飞猛进，因特网已成为人们生活中的一部分。但是对它的不正确利用也产生了一定的负面效应。近年来，因迷恋上网而引发的未成年人犯罪案件屡见不鲜。以上海市某区为例，2002年，检方没有收到1起网络引发的未成年人犯罪；而在2003年上半年，检方受理的同类案件共6件15人，其中抢劫5件14人，盗窃1件1人，占所受理的未成年人犯罪案件数的26%。北京市未成年犯管教所对在押的未成年犯进行了一项犯罪调查，结果表明：有67.1%的未成年罪犯过去经常出入网吧，他们中因涉足网吧而直接导致犯罪的占29.3%，其中年龄最小的只有8岁。其飙升之势，引起了全社会的广泛关注。

很多未成年人为了上网，整日吃住在网吧里，网吧给他们的吃住提供了"优越"的条件，使其中不少孩子因此走上违法犯罪的道路。未成年人无节制地上网已成为一个严峻的社会问题，如何引导未成年人正确学习计算机知识，如何加强对营业网吧的管理，如何使未成年人远离低级游戏、聊天及黄色网站的侵袭，已成为全社会共同关注的问题，希望我们的未成年人以本案中的甘某为教训，千万不要沉迷于网络不健康的内容之中，要把握好自己的人生方向，切莫因一时的放纵而走向犯罪的深渊。

网络篇

"网中猝死"何以发生?

【案例】

李某是一位高中生,就在同学们紧张复习准备考试的时候,他却每天背着书包到网吧"上学"。一天,在玩网络游戏《传奇》的过程中,由于过分的刺激,心理的紧张、激动,他猝然倒在了网吧的电脑游戏机前。他再也没能醒过来,继续他"传奇"的搏斗。他的青春岁月,还没来得及谱写"传奇"的人生,他就如此离去了……

据李某的班主任老师介绍,自寒假补课、开学以来,李某一直没到学校上过课。而李某的父母则反映,这段时间他每天都按时背着书包上学,按时回家。网吧老板和那一带上网的网民也反映,每天都看到李某在上网玩游戏。那天中午,李某在父母的催促下背上书包"上学"了,他像往常一样没有去学校,而是进了逃课的老地方"辉荣网吧",继续他的《传奇》游戏。

据事发当时坐在李某旁边的一个叫朱某的年轻人说,他来到"辉荣网吧",看见面熟的李某坐在机子上玩游戏。几分钟后,他听到"砰"的一声,接着看见李某往后倒在椅子上,两手不停地抖动,口喘粗气。朱某立刻叫网吧老板过来,网吧老板很快叫来附近一个社区诊所的王医生。后来王医生在当地派出所"辉荣网吧"李某死亡笔录上称:当时,曾医生为李某听诊把脉时已听不到心跳,脉搏也没有了。不得已,把他送往市人民医院急诊科,检查后,李某被宣布为"临床死亡"。

【法理分析】

这是一个令人震惊的因迷恋网吧而死亡的案例。是什么原因让一些未成年朋友如此至死不渝地"忠贞"于网络呢?有关专家从心理学的角度对这种青少年上网对身心所受到的影响进行了分析,认为青少年上网成瘾的原因主要有四个:

一、逆反意识。

少年进入青春期之后,成人意识强烈,觉得自己已经是一个大人了,什么事都可以自己处理，不需要别人帮助。但事实往往相反，他们经常无法解决现实生活中遇到的困难。尤其是一些独生子女，从小受娇宠惯了，一点小小的挫折可能就会令他们无法接受，情绪波动比较大，控制情绪能力不强。由于无法解决实际问题、受挫后情绪不稳定，使得这些孩子不自觉地去寻找一个能充分满足自己的世界，网络恰好为他们提供了这一条件。使他们陷入了难以解脱的误区：在网络世界里，他可以解决任何问题，他可以完全逃避现实，他的情绪可以得到充分的宣泄。

二、沟通问题。

一些家庭关系紧张，孩子无法与父母进行很好的沟通。事实上，父母是孩子最好的老师，孩子在确立人生观、世界观最关键的时期尤其需要来自父母的正确指导。但是很多父母更习惯于那种"家长命令式"的教育方法，忽视了青少年的叛逆心理，造成了青少年偏要和父母对着干的局面：你们不让我打游戏，我偏要这么做。

三、学习成绩差，自暴自弃。

大多数沉溺于网络世界不能自拔的孩子，学习成绩都比较差，他们在现实生活中体验不到学习所带来的成就感，往往会选择网络来满足自己。

四、缺乏自控力

青少年自控能力差，冲动性强，一旦陷入网络游戏，明知会影响学业，但是却不能自拔。尤其是一些充满暴力、色情的网络游戏。

专家们认为，这些网络游戏会造成青少年人格上的不健全，对他们人生信念、生活态度的形成都有着十分消极的影响，甚至会令他们养成用极端方式解决问题的恶习。专家们开出了"药方"说："父母、家庭的关怀是最好的方式。"父母不要动辄就打骂孩子，不要流露出对孩子彻底失望的想法，要耐心地与孩子进行沟通，要让他们充分地感受到自己并没有被抛弃。要不断对这些孩子进行安抚，要努力发现他们各自的优点并沿着这一方向加以引导，培养他们的自信心，增强他们与人交往的能力，使他们逐步适应现实社会。同时，专家还呼吁社会多开展一些健康、有益的文体活动，让青少年旺盛的精力得到发泄。

网
络
篇

网络给青少年带来的不良影响

【案例】

高某是某中学高二年级学生。身为独生子的他，性格比较内向、腼腆，平时也不太爱说话，很少和人交往。高某的学习成绩不太好，但人很老实，非常听父母和老师的话，从来不违反学校的纪律，老师和父母让做什么就做什么。所以，学校的老师对高某的评价很好，父母对他也比较放心。

由于高某没有什么爱好，既不喜欢体育运动，也不喜欢唱歌、跳舞，一放学就是回家，吃完晚饭做作业，这样的生活让他感到十分地沉闷。在同学的影响下，高某开始对上网感兴趣。一次，同学把他带到家里，两个人偷偷地躲在同学的卧室里，登陆了一个黄色网站。看着屏幕上那些充满诱惑力的色情照片，高某心跳加速，脸涨得通红。

自此，高某开始迷恋上网。由于家里没有电脑，高某便频频出入网吧。只要一上网，高某便径直进入那些黄色网站。即便是回到家里。网上的那些画面仍然闪现在高某的脑海中，挥之不去。高某的内心里产生了一种强烈的冲动，他自己已经无法控制自己了，只要一天不上网去看黄色的图片和电影，他就心里发慌。但父母给他的零花钱是非常有限的，去不了几次网吧就用完了。

没钱上网的日子对高某来说，简直是度日如年。至于学习，他早已经丢在了脑后。父母和老师都找他谈过话，高某都支支吾吾地遮掩过去了。父母万万没有想到，自己的孩子正在堕入另一个"虚拟世界"的深渊当中。

2003年9月的一天，高某放学回家后，因为没钱上网而坐卧不安。他在楼下的花园里徘徊了一会儿，觉得十分无聊，便又往楼里走去。在自家楼梯口前，高某正巧遇上楼上的女邻居——23岁的王某上楼，便上前打听昨晚在她家里看的录像片，并提出想借影碟回家看看的要求。高某想借此来打发时间。

好心的邻居对高某的要求满口答应，两人便进入位于5楼的王某家中。王某一进屋子，便热心地帮高某找开影碟来，四下张望的高某瞧着王某一个人在屋子里翻找影碟的身影，突然产生了一种想向王某要点钱然后去上网的冲动。

于是，高某悄悄走到王某家厨房，取出一把菜刀后，便上前逼住王某，强行掏去王某身上的 140 元现金，王某因受到惊吓而不知所措。在搜钱过程中，高某摸着王某女性的躯体，一种性冲动又产生了，网上的那些色情图片和电影里的淫秽情节闪现在他脑海中。

此时，高某已经完全失去了理智，他仍以手中的菜刀相威胁，强行扒下王某的下衣。望着一脸凶相的高某，王某吓得花容失色，竟丝毫不知反抗和喊叫。王某的顺从给了高某机会，他从从容容地在王某身上发泄着各种兽欲，对其实施了猥亵和奸淫。实施完犯罪后，高某仓皇地逃离了邻居家，跑到网吧去上网了。公安机关接到报案后，很快就将高某逮捕归案。

人民法院审理后认为：被告人高某以非法占有为目的，当场采取暴力手段劫取他人钱财，其行为已构成抢劫罪；其违背妇女意志，强行与妇女发生性行为，其行为又构成强奸罪。鉴于被告人作案时不满 16 周岁，是偶犯，在校生，案发起因带有偶发性，且归案后认罪好，积极赔偿经济损失，确有悔罪表现，综合本案的各种情节，对抢劫罪可从轻处罚，对强奸罪可减轻处罚。依法判决：以抢劫罪判处其有期徒刑 3 年，并处罚金 1 万元；以强奸罪判处其有期徒刑 2 年。数罪并罚，决定执行有期徒刑 4 年，并处罚金 1 万元。

面对这样的事实，高某的父母和老师都难以置信，老实、听话的高某怎么会干出这样的事情来。听了高某在法庭上作的关于自己走上犯罪道路过程的陈述，他们终于明白了，是网络上的色情信息害了高某，但现在，一切都已经晚了。

【法理分析】

高某从一个老师和父母眼中的好孩子蜕变为犯罪分子的过程，让人扼腕叹息。这促使我们认真地反思网络问题。在网络的世界里，我们究竟该怎样保护青少年？

21 世纪将是一个高度信息化的时代。由于信息技术革命，尤其是计算机网络和国际互联网的出现，使信息网络化、全球化，信息文明的浪潮正席卷全球。据统计，截止 1999 年底，全球最大的因特网已拥有 160 多个国

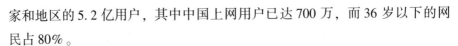

家和地区的 5.2 亿用户，其中中国上网用户已达 700 万，而 36 岁以下的网民占 80%。

人们在网上工作、学习、查询、购物、旅游、聊天、游戏等。互联网用虚拟手段为人类开启了一方全新的文化空间，网络文化以其无可抵挡的魅力对人们特别是青少年的教育、生活和工作方式以及价值观念产生着巨大的影响。然而虚拟的网络世界并不是一方净土，现实文明的阴影同样在网上折射。网络文化混杂着种种不良因素，对青少年造成许多负面影响，值得全社会关注和重视。

一、网上"文化侵略"对青少年人生观、价值观、道德观的侵袭。

由于电脑和因特网的发明者是西方人，故迄今为止，任何一种电脑网络基础语言都是英语，其主导国家是美国。据悉，当前从国际互联网上可接收的信息来自美国的占 80%，来自中国大陆的仅占 0.01%。这表明，以美国为首的英语发达国家占据了国际互联网信息资源的绝对控制权，形成了网上信息的垄断和倾销，其实质就是一种信息侵略。

由于信息是文化的一种形式的代言人，因此，信息的侵略便直接导致"文化侵略"。那些附着西方价值形态的信息大量地从西方国家特别是美国流向中国，加之中国青少年对传统文化及其精粹知之甚少，民族文化远未在其思想上扎根，因而在外来网络信息流的淹没中难以产生免疫力和识别力。1998 年 5 月，美国克林顿总统曾宣称："当新世纪即将来临的时候，美国的敌人已将战场由物理空间扩展到虚拟空间。"

美国的"信息高速公路计划"提出："高速发展的全球信息基础设施将促进民主的原则，限制极权形式的蔓延；世界上的公民，通过全球信息基础设施，将有机会获得同样的信息和同样的准则，从而使世界有更大意义上的共同性。"

这些充分暴露出以美国为首的西方大国，充分利用其信息控制权和影响力，极力向世界特别是仍坚持走社会主义道路的中国传输西方资产阶级的意识形态、政治制度、文化思想，进行"文化扩张"、"文化侵略"，实现其"不战而胜"之梦想的政治图谋。崇尚新知识、思想活跃、人生观、价值观、道德观尚未完全成熟的青少年将面临严峻的文化考验，少数青少年可能因网上"饥不择食"而招致"文化中毒"。

二、网上黄色流毒对青少年身心的摧残。

在因特网汹涌奔腾的信息浪潮下面，潜伏着一股黄色流毒。据有关资料显示，目前互联网上大约有100万个黄色电脑文件，其中大部分是短篇小说、录像剪辑和图片。1995年，美国一份调查报告指出：在过去的18个月中，因特网上出现了91.7万幅（件）色情图片、小说和影片，向美国50个州的2000多个城市以及包括中国在内的160多个国家和地区扩散。淫秽色情制品通过网络对青少年造成"精神污染"，这些网络"色情文化"严重摧残着青少年的身心健康，将他们引入歧途。

我国近年青少年因有意无意访问色情网点，遭受"黄毒"侵害，甚至走上堕落和犯罪道路的案例时有披露。

在本案中，高某正是在网上的黄色流毒的侵袭下，走上了违法犯罪的道路。

三、网上黑色信息对青少年精神的毒害。

"黑色信息"，是指制造社会政治、经济、组织混乱的信息。由于计算机网络传递信息受传统控制影响很小，使社会对个人思想行为的制约发生变化，不再能够有选择地控制人们接触信息的范围、种类，不再能够有效地施行言论监督。网上交流的匿名化，给各种竭力逃避现实社会打击和控制的非法组织或个人以可乘之机。

在德国，出现了煽动种族主义的"电子纳粹"。在国际社会，少数别有用心者在网上散布政治谣言和恐怖言论，旨在扰乱人心，制造世界动乱。在中国，一些非法组织也通过因特网发布危害国家安全的信息，蛊惑人心。一些非法分子在互联网上进行诽谤、侮辱、赌博、侵害著作权和隐私权，等等。

四、网上暴力文化对青少年行为的误导。

"暴力文化"，是指坚持有助于暴力行为发生的行为规范的亚文化。在暴力亚文化中，人们的行为规范以武力或者暴力手段来解决日常生活中的问题的价值观念的指导，认为暴力并不必然是非法行为，它是人们生活的重要组成部分，是解决问题的重要手段。在这种文化氛围中，暴力已作为一种价值观念渗透到群体成员的品质之中，把使用暴力看成理所当然的事，甚至崇尚暴力而对不使用暴力者歧视或排斥。这种暴力文化对正处于早期

网络篇

社会化过程中的青少年，影响尤为深刻。

家长、学校和社会在鼓励青少年学用电脑上网的时候，并没有想到它会对下一代构成什么威胁。但是暴力文化会随着计算机网络这种新型的信息传播方式扩散，以至影响整个社会犯罪率。互联网在把境外大量先进科学技术、优秀的思想文化信息传输进来的同时，也夹带许多西方暴力文化信息。尤其是电脑多媒体技术的发展，各种负载境内外暴力文化特质的影碟、游戏软件，通过电脑和网络有声色地传输给青少年。

更有不能容忍者，居然在网上教授如何制造炸弹、如何实施各种暴力犯罪。有人做过统计，在因特网上流动的非教育信息，70%涉及到暴力。境内外暴力文化在网络上的表现形式主要是枪战、暗杀、绑架、武装走私贩毒、武功打斗、帮派行会、有组织犯罪等。由于青少年人生经历太浅，是非观念不清，加之缺乏自我控制能力，因而极容易通过网络传媒接受西方暴力文化和我国传统暴力文化的误导，常常会因生活环境中微不足道的失意、生活挫折或哥们义气大打出手，做出各种暴力行为，导致暴力犯罪。

五、网上黑客对青少年智能犯罪的示范。

"计算机黑客"是指对计算机软件和网络技术相当精通，未经授权进入计算机信息系统，对系统进行攻击，对系统中的信息窃取、篡改、删除，甚至利用计算机病毒破坏部分系统或全部网络的人（其中青少年占多数）。由于信息系统涉及有关国家安全的政治、经济和军事情况以及一些工商企业单位与私人的机密及敏感信息，因此它已成为国家和某些部门的宝贵财富，同时也成为敌对国家和组织以及一些非法用户、别有用心者攻击的对象。

当前，随着社会信息化进程的加快，信息网络全球化的普及，信息安全问题日益突出，黑客成为网络信息安全的最大威胁。据美国FBI（美国联邦调查局）统计，美国每年因网络信息安全问题造成的经济损失高达75亿美元。我国近年也屡屡发生黑客入侵事件，更改网络主页者有之，破坏系统者有之，窃取经济利益者有之，危害难以遏止。当然，目前我们也采取了相应的措施，对网络犯罪进行控制。

互联网的广泛应用给青少年的教育开启了新的窗口，而互联网上的不健康内容也给青少年的教育问题提出了新的挑战。据不完全统计，到网吧上网的中小学生占网站顾客的 50% 以上，他们上网多为聊天、结识异性朋友，有的甚至为躲避家长或老师的管教，专门跑到公共网吧登录色情网站寻求刺激。这无疑对青少年的身心健康有不利的影响。

六、产生网瘾的原因主要有以下几点：

1. 互联网具有全球性、互动性、信息资源及表现形式丰富和使用方便等特点，这为以盈利为目的的色情服务业提供了难得的营业场所。这些网站为吸引顾客，往往在主页上张贴色情图片，使任何在网上冲浪的人有意无意地就能看到，青少年当然也不例外。心智尚未成熟的青少年一旦接触这些内容，受到的影响可想而知。

2. 当今社会的家长将大量的时间用在了工作上，很少有大人陪伴的青少年便用上网来打发时间。由于我们的传统教育又往往回避正面的性教育，孩子缺乏正确的引导，在网上很容易接触色情内容后，本来就早熟的他们便找到了猎奇和宣泄的场所。

3. 缺乏相关的法律、法规的规范。我国的立法相对滞后，在规范互联网这一新鲜事物上显得尤其突出。

为此，我们一方面要从正面充分发挥互联网的优势，另一方面又要把互联网的负面影响控制在最低水平。普及互联网教育，尤其是在学校普及是当务之急。

七、预防网瘾的办法：

1. 建立校园网，在网上实现同步教学、答疑解析，并且配合网下的定期面授。

2. 建立青少年自己的网站。大人喜欢的青少年不一定喜欢，通过建立他们自己的网站，不仅为青少年提供学习、交流和娱乐的空间，而且还为他们实践所学的知识进行创造性学习提供机会。

3. 以技术手段控制青少年接触网上不健康的内容，设立网站安全规则，将青少年保护在不良影响之外。

4. 依法加强网络经营场所的管理。

《互联网上网服务营业场所管理条例》（以下简称《条例》）已经于 2002 年出台并实施。根据《条例》的规定，国家对互联网上网服务营业场所经营单位的经营活动实行许可制度。未经许可，任何组织和个人不得设立互联网上网服务营业场所，不得从事互联网上网服务经营活动；中学、小学校园周围 200 米范围内和居民住宅楼（院）内不得设立互联网上网服务营业场所；互联网上网服务营业场所经营单位和上网消费者不得利用互联网上网服务营业场所制作、下载、复制、查阅、发布、传播或者以其他方式使用含有下列内容的信息：

（一）反对宪法确定的基本原则的；

（二）危害国家统一、主权和领土完整的；

（三）泄露国家秘密，危害国家安全或者损害国家荣誉和利益的；

（四）煽动民族仇恨、民族歧视，破坏民族团结，或者侵害民族风俗、习惯的；

（五）破坏国家宗教政策，宣扬邪教、迷信的；

（六）散布谣言，扰乱社会秩序、破坏社会稳定的；

（七）宣传淫秽、赌博、暴力或者教唆犯罪的；

（八）侮辱或者诽谤他人，侵害他人合法权益的；

（九）危害社会公德或者民族优秀文化传统的；

（十）含有法律、行政法规禁止的其他内容的。

互联网上网服务营业场所经营单位和上网消费者不得进行下列危害信息网络安全的活动：

（一）故意制作或者传播计算机病毒以及其他破坏性程序的；

（二）非法侵入计算机信息系统或者破坏计算机信息系统功能、数据和应用程序的；

（三）进行法律、行政法规禁止的其他活动的。互联网上网服务营业场所经营单位和上网消费者不得利用网络游戏或者其他方式进行赌博或者变相赌博活动。

互联网上网服务营业场所经营单位不得接纳未成年人进入营业场所。互联网上网服务营业场所经营单位应当在营业场所入口处的显著位置悬挂未成年人禁入标志。

互联网上网服务营业场所每日营业时间限于 8 时至 24 时。互联网上网服务营业场所经营单位应当依法履行信息网络安全、治安和消防安全职责，并遵守下列规定：

（一）禁止明火照明和吸烟并悬挂禁止吸烟标志；

（二）禁止带入和存放易燃、易爆物品；

（三）不得安装固定的封闭门窗栅栏；

（四）营业期间禁止封堵或者锁闭门窗、安全疏散通道和安全出口；

（五）不得擅自停止实施安全技术措施。

在本案中，接纳高某上网的网吧应当受到法律的惩处。

青少年的网络安全不仅需要社会的保护，同样也需要来自家庭和学校的保护。作为青少年的父母或者老师，应当加强对青少年上网的正确引导，并在日常的生活和学习中，密切地监督青少年与网络接触的情况，避免青少年受网上不良信息的影响，危害其身心健康。

在本案中，对于高某的蜕变，他的父母和老师都负有一定的责任。高某由于痴迷网络上的色情信息而对自己的学习造成影响，父母和老师都已经有所察觉，但却没有予以足够的重视，未深究其中的原因，使高某在歧途上越滑越远，最终锒铛入狱。此时，一切悔恨都已经于事无补。这提醒我们的老师和家长们，网络的世界不但精彩，而且还布满了陷阱，充满了诱惑，没有你们的正确引导，青少年很容易在网络的世界里失足。

因迷恋网络而走向犯罪

【案例】

一次，一位青年妇女在晚饭后散步，与两名男青年迎面相遇，两青年突然出手抢走挎包，她边追边扯起嗓门大喊："有人抢劫！"正在巡逻的两位保安飞速赶到，并用保安防范通讯系统群呼友邻保安增援。公安部门立即出动了十几位民警在保安的协助下围堵，经过5个多小时的奋战，抓到了抢劫人。然而，让警员们吃惊的是，两抢劫犯竟然都是青少年，一个14岁，一个15岁。

据两人交代，他们是为给女网友打胎治性病，他们还有一位同伴在宾馆，没来。民警赶到宾馆房间时，只见一张床上睡着一对少男少女，另一张床上躺着一名少女。两名少女分别叫莉莉和艳艳，今年都只有14岁。

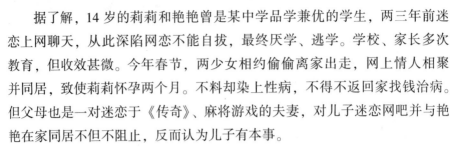

据了解，14岁的莉莉和艳艳曾是某中学品学兼优的学生，两三年前迷恋上网聊天，从此深陷网恋不能自拔，最终厌学、逃学。学校、家长多次教育，但收效甚微。今年春节，两少女相约偷偷离家出走，网上情人相聚并同居，致使莉莉怀孕两个月。不料却染上性病，不得不返回家找钱治病。但父母也是一对迷恋于《传奇》、麻将游戏的夫妻，对儿子迷恋网吧并与艳艳在家同居不但不阻止，反而认为儿子有本事。

于是，发生了抢劫青年妇女的一幕。

【法理分析】

青少年时期是世界观、价值观、人生观的形成时期，思想波动大，自我调控能力差。现实生活中不愿说的话，他们更愿在网上倾诉，针对这种情况，应如何做好青少年的思想工作呢？

一、做好青少年的思想教育工作

1. 要做好青少年思想工作，一定要放下架子，抛弃说教，深入到青少年之中，和他们交朋友。要让他们明白，网络是把双刃剑。

2. 对青少年迷恋网络的问题，我们要正面引导，宜疏不宜堵，通过老师在网上指导，调整其心态，增强自控力；

3. 多组织专家在校园网上开辟心里话聊天室、思想政治网站，让网络充满更多先进的文化。

二、营造一个青少年上网的健康环境

1. 校园网络管理。学校校园内供上网的开放或公用计算机机房、微机，都是接入学校校园网，纳入校园网的统一管理，并由校园网提供统一的网络出口可对学生上网进行时时监控，杜绝学生上不良网站。而且学校的计算机机房、微机都是非营业性，对学生只收取成本费，这样也可以减轻学生的负担，因此现在来上网的学生越来越多。所以，作为青少年学习和生活的主要场所学校要充分发挥优势，利用校园内的网络吸引学生们正常地健康地上网，以免学生流入校外"黑色网吧"。

2. 家长带动孩子上网。据了解，有许多家长买电脑是想让孩子跟上时代，多学点东西，对有时候电脑也会给孩子带来的负面影响，倒没有引起他们的注意。

家长应该如何为孩子们营造一个健康的网络环境要引起家长们的重视，

必要时，与孩子一起上网。比如有一家母女俩，暑期同进计算机培训班，她们《计算机一级教程》已经考过，正在利用周末时间学"平面设计"。这位母亲说："给孩子买电脑，装宽带，孩子会不自觉地通过网络上一些不健康的网站去浏览不健康的东西或者上网玩网络游戏，误了学业。"所以，她与女儿约法三章："只有周末才能上网；上网时要由母亲或姥姥陪同；不能连续上网超过4小时。"这样一来，不仅女儿受益，自己的一些观念也受网络信息的影响。

3. 青少年朋友要提高自制力。绝大部分青少年绝大部分时间是玩网络游戏和网上聊天，并不是网上学习。深夜的网吧更容易使他们走进黄色网站。所以，应该教导他们利用年轻多学点知识、技能，抓紧时间给自己充电，把他们对互联网的爱好向好的方向引导。这就需要家长、学校各方面都行动起来，老师、家长可以适当地将网上一些有用信息，通过言传身教交给学生。同时，给学生做好思想上的引导，让他们真正拥有免疫和自制能力。

因网上交友而离家出走

【案例】

女孩王某是江苏省某中学初三学生，由于平时学习不好，经常遭到老师的"白眼"。她感到很压抑，一个人经常变得寡言少语，于是经常去上网聊天。后来，她在网上聊天时结识了一自称在成都的流浪歌手赵某。

赵某幽默的语言和自由的职业令初涉人世的王某异常羡慕。"相识"半年之后，赵某邀请王某来成都玩，王某欣然应允。她怀着对"自由"、"浪漫"的向往，逃学并拿走家里的1000元钱坐汽车、转火车来到了成都。

一下火车，她感到异常地兴奋和激动，就迫不及待地给赵某打手机，告诉对方自己所处的位置，要他来火车站接自己，赵某在电话里爽快地答应了，然而却一直不见踪影，再打赵某的电话，对方不是关机就是摁掉她的电话。"可能是他来火车站接我的时候暗中观察过我，觉得我不是他想象中的样子，就不理我了。"王某伤心的眼泪流了下来。最后，在当地火车站值勤保安的协助下，李某买火车票回了家。

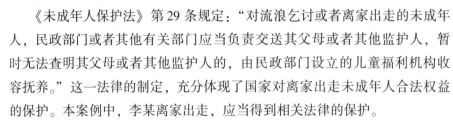

【法理分析】

《未成年人保护法》第 29 条规定："对流浪乞讨或者离家出走的未成年人，民政部门或者其他有关部门应当负责交送其父母或者其他监护人，暂时无法查明其父母或者其他监护人的，由民政部门设立的儿童福利机构收容抚养。"这一法律的制定，充分体现了国家对离家出走未成年人合法权益的保护。本案例中，李某离家出走，应当得到相关法律的保护。

然而，李某网恋而离家出走，不得不引起我们家庭、学校和有关教育部门的关注，在国家大力提倡素质教育的今天，很多学校仍然只注重应试教育，家长和老师关心的只是孩子的学习成绩，关心的只是考试的分数。无数事实证明，这种教育方式和教育理念是失败的，青少年正处在生理和心理都未成熟的阶段，这时期的青少年考虑问题很简单和肤浅，他们对问题的是非辨别能力很弱，往往因一时冲动而铸下大错。

在网络高度发达的今天，很多青少年迷恋上网。互联网的广泛应用给青少年的教育开启了新的窗口，然而互联网上不健康的内容也给青少年的教育问题提出了新的挑战。据不完全统计，中小学生占网吧顾客的 50% 以上。

就中学生上网问题而言，有利也有弊。如果适当上网查找资料，上网学习而充分利用网络资源，这自然是有百利而无一弊，但对于目前的中学生中很多自觉性较差的同学，上网的弊端就多了。他们上网多为聊天，结识异性朋友，本案中，王某因网恋而被欺骗，这种现象在生活中是数不胜数的。很多家长教育子女的方法也必须得当，应当主动了解孩子的心理状况，成为子女的知心朋友。网上很多人利用网络虚幻性的特点，他们没有最起码的道德标准而坑蒙拐骗。因此青少年网上交友一定要小心，而不要动不动就去找网友。有什么困难要主动找老师和家长。

为了预防青少年受到网络有害方面的影响，我国有关法律法规规定禁止青少年进入网吧。因此网吧门口都张贴警示语，这不仅是提醒中学生的，更是提醒网吧老板们要严格遵守规章制度。他们有义务提醒或制止青少年进入网吧。

如果中学生需要上网，应注意些什么呢？我们知道，网络世界是非常复杂的，学生在上网时，应该保持一个清醒的头脑，具有一定判断是非的能力，比如在查找资料时就不能玩游戏，不要上一些黄色网站。如果在休闲时打打游戏，并不是不可以，但是应注意适可而止，不能沉溺其中，中学生还可以登录一些中学生网站和教育网站。这样，就避免了网络的负面作用，使网络更好地为中学生服务。

网吧引诱下的犯罪

【案例】

宗某（男，14岁）的父母都是农民。2000年，宗某的父母带着他来到了南方的一座大城市。在这里，宗某的父母开始了艰辛的打工生涯，宗某也和他们一起过着苦日子。经过几年的打拼，他们终于在这座城市里站住了脚，日子在一天天地好起来。但宗某的父母没有想到，在他们终日里忙于逐渐有了起色的生意的时候，他们的孩子却在他们的眼皮底下一步步地滑向危险的深渊。

由于生意忙，宗某的父母根本无暇照顾和管教宗某，他们把宗某送到了一家专门为外地务工人员的子女办的子弟学校里，把对宗某的教育责任完全地推给了学校。白天的时间，宗某全部在学校里度过，吃饭也是在学校办的简易食堂。晚上回了家，累了一天的父母连和宗某说话的力气都没有了，更别说过问宗某的学习和生活。就这样，由于父母的粗心大意，宗某处于一种放任自流的状态。

刚进子弟学校的时候，宗某对学校里的一切还感到比较新鲜，能在学校里呆住，但时间一长，学校里的一切就变得无聊和乏味起来。宗某在学校里呆不住了，放了学，背起书包就走，到街上去闲逛，后来发展到逃课，甚至整天都不去学校，有时是露个面就走。老师也管不了他，几次请家长来，宗某的父母都因为生意忙而没有来成。2003年年底的一天，宗某又逃学了。当他走出校门，来到街上时，发现学校对面的街边开了一家网吧。百无聊赖的宗某走进了这家新开的网吧。宗某以前没有接触过电脑，只是看电视和听同学们讲过，上网聊天和玩游戏是多么过瘾，所以他很好奇。

走进网吧，宗某看到很多人神情贯注地坐在电脑前面，电脑屏幕上五

网
络
篇

· 133 ·

颜六色、变化万千的画面让宗某眼花缭乱。宗某茫然地站在那里，不知道该怎么做。

网吧的老板看到宗某的样子，心里明白了个八九分，一看就是没来网吧玩过的土包子。他主动地走上前来和宗某搭话："小兄弟，没来网吧玩过吧？"

宗某有些不好意思地点了点头。

"没关系，我来教你，好玩得很，包你玩了一次就再也放不下了！"他把宗某拉到一台电脑前面，开始教宗某如何上网、如何聊天、如何玩游戏。宗某学得很快，不一会儿，就可以独立操作了。老板一个劲地夸他："小兄弟，真聪明，将来肯定是一把好手。"

宗某听了，心里得意极了。但他哪里知道，老板自有他的目的。由于网吧刚刚开业，顾客还不是很多，老板急于揽生意。他看到宗某背的书包，就知道宗某是附近学校的学生，在宗某身上，一定有利可图。所以，他对宗某十分热情。在他的引导下，宗某迷上了上网，天天往网吧跑，根本不去上学了。但没过多久，问题就出现了。

宗某的父母给他的零花钱十分有限，所以，没上几次网就差不多用完了。一周后的一天，宗某在网吧里呆了一个小时，就准备离开。老板很奇怪，平时宗某在网吧一呆就是一天，今天是怎么回事？他拦住了宗某，"小兄弟，今天怎么这么早就走了？"

宗某支支吾吾地不好意思说。在老板地催问下，宗某才承认自己没钱了。老板灵机一动，计上心头。他把宗某拉到一旁，问："小兄弟，你是不是旁边子弟学校的？"宗某点了点头。

"那好，咱俩来个君子协定。这样，你把你们学校的同学带到我这来上网，以后你上网的费用全免，怎么样？"

宗某一听，喜出望外，他没有想到自己还会贪上这样的好事，忙不迭地点头。

就这样，宗某又回到了学校，开始在班上和同学们大讲自己上网的经历，把上网的种种乐趣吹得神乎其神，还把学校对面的网吧的好处讲了一番，老板是如何热情，价钱是如何公道，网速是多么快，服务是多么好，等等。

很多同学听了宗某的介绍，都动了心，放学之后，就和宗某一起进了这家网吧。宗某一下子为老板带来这么多顾客，让老板十分高兴，他兑现了自己的诺言，宗某在这里上网不用花钱。

时间一长，来这家网吧上网的子弟学校的学生越来越多，很多学生迷恋上了上网，开始和宗某一样逃学。这样的现象引起了学校的重视。经过老师的走访调查，才知道学生都是被这家新开的网吧给吸引过去了。很多家长也到学校来反映，自己的孩子最近不爱学习了，回家也不准时了，有时直到半夜才回家。

学校领导和管区的派出所取得了联系，向公安机关反映了这家网吧允许青少年上网的情况。老师在调查中还发现，网吧老板为了吸引顾客，竟然引诱一些青少年登陆黄色网站，玩有色情内容的游戏。管区派出所对此十分重视。

经过调查核实后，派出所民警和文化部门的工作人员一起对这家网吧进行了突击检查。在检查中发现，网吧里上网的大多是青少年，主要是对面子弟学校的学生；在网吧里，可以自由地登录色情网站和玩色情游戏；网吧与学校就隔一条街，距离仅 50 米左右。文化行政部门当即决定查封这家网吧，对经营者处以罚款；对在网吧上网的青少年，由公安机关责成其父母或者其他监护人严加管教。

【法理分析】

《未成年人保护法》第 23 条规定："营业性舞厅等不适宜未成年人活动的场所，有关主管部门和经营者应当采取措施，不得允许未成年人进入。"

第 50 条规定："营业性舞厅等不适宜未成年人活动的场所允许未成年人进入的，由有关主管部门责令改正，可以处以罚款。"

《预防未成年人犯罪法》第 26 条规定："禁止在中小学校附近开办营业性歌舞厅、营业性电子游戏场所以及其他未成年人不适宜进入的场所。禁止开办上述场所的具体范围由省、自治区、直辖市人民政府规定。对本法施行前已在中小学校附近开办上述场所的，应当限期迁移或者停业。"

同时，该法第 31 条还规定："任何单位和个人不得向未成年人出售、出租含有诱发未成年人违法犯罪以及渲染暴力、色情、赌博、恐怖活动等危害未成年人身心健康内容的读物、音像制品或者电子出版物。任何单位和个人不得利用通讯、计算机网络等方式提供前款规定的危害未成年人身心健康的内容及其信息。"

第33条规定："营业性歌舞厅以及其他未成年人不适宜进入的场所，应当设置明显的未成年人禁止进入标志，不得允许未成年人进入。营业性电子游戏场所在国家法定节假日外，不得允许未成年人进入，并应当设置明显的未成年人禁止进入标志。对于难以判明是否已成年的，上述场所的工作人员可以要求其出示身份证件。"

在本案中，某网吧老板违反上述法律规定，在学校附近开办未成年人不宜进入的场所，而且允许、甚至引诱未成年人进入该场所，并利用计算机网络向未成年人提供色情内容的娱乐。

根据《预防未成年人犯罪法》第53条"违反本法第31条的规定，向未成年人出售、出租含有诱发未成年人违法犯罪以及渲染暴力、色情、赌博、恐怖活动等危害未成年人身心健康内容的读物、音像制品、电子出版物的，或者利用通讯、计算机网络等方式提供上述危害未成年人身心健康内容及其信息的，没收读物、音像制品、电子出版物和违法所得，由政府有关主管部门处以罚款。单位有前款行为的，没收读物、音像制品、电子出版物和违法所得，处以罚款，并对直接负责的主管人员和其他直接责任人员处以罚款"，还有第55条"营业性歌舞厅以及其他未成年人不适宜进入的场所、营业性电子游戏场所，违反本法第33条的规定，不设置明显的未成年人禁止进入标志，或者允许未成年人进入的，由文化行政部门责令改正、给予警告、责令停业整顿、没收违法所得，处以罚款，并对直接负责的主管人员和其他直接责任人员处以罚款；情节严重的，由工商行政部门吊销营业执照"的规定，文化部门决定查封该非法经营的网吧并对经营者处以罚款，是正确的。

在本案中，宗某事实上成了网吧老板非法经营的帮凶和工具，这和宗某的父母疏于对宗某的管教有着直接的关系。《预防未成年人犯罪法》第14条规定："未成年人的父母或者其他监护人和学校应当教育未成年人不得有下列不良行为：

（一）旷课、夜不归宿；

（二）携带管制刀具；

（三）打架斗殴、辱骂他人；

（四）强行向他人索要财物；

（五）偷窃、故意毁坏财物；

（六）参与赌博或者变相赌博；

（七）观看、收听色情、淫秽的音像制品、读物等；

（八）进入法律、法规规定未成年人不适宜进入的营业性歌舞厅等场所；

（九）其他严重违背社会公德的不良行为。

宗某和其他子弟学校的学生进入未成年人不适宜进入的网吧，属于不良行为，因此，公安机关责成其父母或者其他监护人严加管教。本案反映出社会预防青少年不良行为的重要性和紧迫性。我们对社会如何预防青少年的不良行为进行集中的探讨。

《未成年人保护法》第 5 条规定："国家保障未成年人的人身、财产和其他合法权益不受侵犯。保护未成年人，是国家机关、武装力量、政党、社会团体、企业事业组织、城乡基层群众性自治组织、未成年人的监护人和其他成年公民的共同责任。

对侵犯青少年合法权益的行为，任何组织和个人都有权予以劝阻、制止或者向有关部门提出检举或者控告。国家、社会、学校和家庭应当教育和帮助未成年人运用法律手段，维护自己的合法权益。"

《预防未成年人犯罪法》也规定了社会中与未成年人有密切接触的部门、组织、行业、单位和个人在预防未成年人犯罪工作中负有的具体职责以及违反该法规定的法律责任：

（一）加强治安管理，净化校园周边环境，为学生创造良好的学习环境。

（1）公安机关应当加强中小学校周围环境的治安管理，及时制止、处理中小学校周围发生的违法犯罪行为。城市居民委员会、农村村民委员会应当协助公安机关做好维护中小学校周围治安的工作。

（2）禁止在中小学校附近开办营业性歌舞厅、营业性电子游戏场所以及其他未成年人不适宜进入的场所。已经开办上述场所的，应当限期迁移或者停业。

（3）营业性歌舞厅以及其他未成年人不适宜进入的场所，应当设置明显的未成年人禁止进入标志，不得允许未成年人进入。营业性电子游戏场所除在国家法定节假日外，不得允许未成年人进入，并应当设置明显的未成年人禁止进入标志。对于难以判明是否已成年的，上述场所的工作人员可以要求其出示身份证件。

违反上述规定的，由文化行政部门责令改正、给予警告、责令停业整顿、没收违法所得、处以罚款，并对直接负责的主管人员和其他直接责任人员处以罚款；情节严重的，由工商行政部门吊销营业执照。

（二）加强对出版、通讯、计算机网络、广播、电影、电视、戏剧节目以及各类演播场所的管理，为未成年人的健康成长创造良好的文化环境。

（1）以未成年人为对象的出版物，不得含有诱发未成年人违法犯罪的内容，不得含有渲染暴力、色情、赌博、恐怖活动等危害未成年人身心健康的内容。违反上述规定的，由出版行政部门没收出版物和违法所得，并处违法所得 3 倍以上 10 倍以下罚款；情节严重的，没收出版物和违法所得，并责令停业整顿或者吊销许可证。对直接负责的主管人员和其他直接责任人员处以罚款。制作、复制宣扬淫秽内容的未成年人出版物，或者向未成年人出售、出租、传播宣扬淫秽内容的出版物的，依法给予治安处罚；构成犯罪的，依法追究刑事责任。

（2）任何单位和个人不得向未成年人出售、出租含有诱发未成年人违法犯罪以及渲染暴力、色情、赌博、恐怖活动等危害未成年人身心健康内容的读物、音像制品或者电子出版物。任何单位和个人不得利用通讯、计算机网络等方式提供危害未成年人身心健康的内容及其信息。违反上述规定的，没收读物、音像制品、电子出版物和违法所得，由政府有关主管部门处以罚款。单位有上述行为的，没收读物、音像制品、电子出版物和违法所得，处以罚款，并对直接负责的主管人员和其他责任人员处以罚款。

（3）广播、电影、电视、戏剧节目，不得有渲染暴力、色情、赌博、恐怖活动等危害未成年人身心健康的内容。广播电影电视行政部门、文化行政部门必须加强对广播、电影、电视、戏剧节目以及各类演播场所的管理。影剧院、录像厅等各类演出场所，放映或者演出渲染暴力、色情、赌博、恐怖活动等危害未成年人身心健康的节目的，由政府有关主管部门没收违法播放的音像制品和违法所得，处以罚款，并对直接负责的主管人员和其他责任人员处以罚款；情节严重的，责令停业整顿或者由工商行政部门吊销营业执照。

（三）加强对暂住人口的管理，制止未成年人的不良行为。

（1）任何人不得教唆、胁迫、引诱未成年人实施《预防未成年人犯罪法》中规定的不良行为，或者为未成年人实施不良行为提供条件。违反上述规定，构成违反治安管理行为的，由公安机关依法予以治安处罚；构成犯罪的，依法追究刑事责任。

（2）公安派出所、城市居民委员会、农村村民委员会应当掌握本辖区内暂住人口中未成年人的就业、就学情况。对于暂住人口中未成年人实施不良行为的，应当督促其父母或者其他监护人进行有效的教育、制止。

在本案中，文化部门和公安机关在获悉某网吧存在的不法经营情况之后，及时采取有效措施，有力地制止了未成年人的不良行为继续发展下去，是值得肯定的。

网络黄毒的诱惑

【案例】

据报道：某镇十几个中学生在参加完同学生日聚会饮酒后，在街道上遇到镇上居民陈某，双方因为小事发生口角，陈某当场被 11 名中学生打成重伤，经医院抢救 10 天，无效死亡。当天参与打架的十几名中学生的年龄都在 14～17 岁之间。在事发后的一两天内，他们由家长或老师陪同全部到派出所投案自首。根据调查，警方拘留了 3 个学生，检察院也提前介入。此事引起了当地群众强烈反映，一些同学和老师强烈反映这样一个现象，说他们学校许多同学自从上了一些黄色网站后，脾气变得越来越坏了，且动不动就抢女生的东西，还经常拉帮结派打架，影响了其他同学的学习。

【法理分析】

作为高科技手段的计算机网络为人们的学习和休闲提供了方便，使人大开眼界，大饱眼福，但是它也可以传播有害信息，制造黄色毒品来腐蚀人们的精神世界，有时让人防不胜防。很显然，案例中的几个少年正是受了黄色毒品的影响而变坏的。据说这种情况在国外也广泛存在。

美国就曾报道一户美国家庭中孩子受网络黄毒侵害的事。当家里开通因特网时，一家三口人都非常高兴，丈夫决定用它来管理投资，计划旅行；母亲是作家，可以用网络收集资料，女儿则兴奋地投入到与全国各地孩子们的网上闲聊中。起初，父亲还在孩子闲聊时去检查一下内容，后来一忙就疏忽了，只是简单地提醒女儿"要学会自我保护"。有一天，父母在女儿熟睡之后坐到电脑前，输入女儿的上网口令，屏幕上立即显示："你有电子邮件。"邮件附有图片，等图片下载完毕，父母打开一看，大吃一惊，屏幕上全是不堪入目的性场面。

研究人员曾经做过长久而细致的调查，在 1995 年 1 月～1996 年 6 月的 18 个月中，在国际互联网上曾发现了约 90 万幅的色情图片、小说和影视片，它们已经扩散到包括中国在内的 40 多个国家和地区，对青少年的身心健康成长构成了巨大的腐蚀和威胁。大量的色情图片涌入家庭，成为儿童犯罪的教唆犯，令无数的家长对于新兴而极具诱惑力的因特网望而生畏。

在信息时代，为了帮助儿童抵御网上的黄色诱惑；各国相继出台了一些对计算机网络上发布黄色内容信息的行为加以惩罚的法规，并即将成为制止和打击网络黄毒的有力武器。与此同时，我们也应看到，尽管人们已作出了种种努力，但真正消除网上黄毒并非易事，因此，每个入网者建立有效的防护机制，增强自身免疫能力才是抵御黄毒的最有效措施。

青少年朋友上网时，请这样保护自己：

一、向父母承诺：不下载网上的黄色游戏、照片、小说；不与网友讨论有关性的问题。

二、请成年人帮助安装保护软件，以便过滤出黄色、暴力节目。

三、从科技书籍上获取性知识。

四、上网时间不宜过长。

五、远离黄色淫秽的书刊和各种音像制品，包括不健康的小报、杂志，隐蔽性更强的电子光盘，带有黄色画面的游艺机。做到不买、不看、不传、不藏，不受坏人的拉拢、利诱或胁迫。

六、凡拉拢观看黄色制品的人，不管是成年人，还是同学、朋友，都是违法行为者，应该勇敢地作斗争，及时报告有关部门。

网络为何如此"毒"？

【案例一】

某市警方陆续接到 2 起学生报案，称他们在学校附近被数名少年拦截索要钱款，其中一名男生不但被抢走 170 多元钱，鼻子还被打出血。据反映，被抢的不只他们 2 个，其他人因为害怕不敢报案。民警经过调查走访，将 3 名作案少年抓获，并在他们的房间里找到了砍刀和铁棒等凶器。经审，3 人交代了伙同另外 5 名少年抢劫学生的犯罪事实。

据了解，这 8 名少年多为父母离异、失学少年，他们通过网络相识，有钱便一起上网、喝酒、聚会，没钱便到中学附近的胡同、楼道、树林里抢学生的钱，遭到拒绝后便动武，有时还动用凶器。至被提时，他们已抢劫 30 余起，最少的一次抢了 10 元，最多一次抢了 700 多元。另外，他们还和另外 11 名少年一起将一名走路时多看了他们一眼的男生打成骨折。这群少年网虫在风华正茂的年纪里就这样犯罪了。他们面对的是法律的惩罚。

【案例二】

被判 3 年徒刑的不满 18 岁的少年小凯 1 岁时母亲离家了，9 岁时父亲意外死亡。无人管教的他，14 岁开始进入网吧玩游戏，不高兴时特爱玩恐怖暴力游戏，觉得打死人的那种感觉特别痛快，仿佛在那一瞬间所有的痛苦都消失了，取而代之的是一种强烈的快感。

一次，参加完朋友婚礼的小凯又到网吧上网，在网上与一个人对骂起来，后来发现两个人竟在同一网吧里，他们打起来，对方有 3 个人，打着打着跑了 2 个，小双就把和他在网上吵架的那个人拽到锅炉旁，用绳子勒住他，赶来的保安及时制止了他，然而那人已被打成重伤，小凯就这样走入了监狱。

【案例三】

17 岁的同龄人姜某、刘某，由于两人早早迷上了网络游戏，学习成绩一落千丈。发展到后来，他们根本没心思上学，每天的大部分时间都泡在网吧里玩游戏。勉强上完初中后，他们开始混迹社会，与一些不良青少年结成"铁哥们"。

一次，姜某在玩游戏时，与不是自己一伙的小浩发生"网骂"，因此引发矛盾。去年2月9日夜11点多，姜某网上得知小浩下落，当即纠集刘某及另2名男孩，各持一把砍刀直奔小浩所在的网吧。找到小浩后二话没说，上去就是一阵乱砍。因对小浩构成轻伤害，姜某、刘某被分别判刑。

【法理分析】

相关部门近期进行的一项调查表明，60%的未成年犯人曾经常出入游艺厅、网吧。随着互联网迅速普及和发展，互联网信息服务单位、接入单位和上网服务场所出现了迅猛发展的态势。青少年作为互联网的主要消费群体之一，每时每刻都在接收着大量信息。而互联网天然的开放性与信息安全管理的滞后性不可避免地导致了大量有害的互联网信息产生。如：一些互联网单位存在着违法违规经营、安全管理职责不落实，对有害信息不防范、不删除、不报告等突出问题，而另一些单位和各个在互联网上设立的网站、网页无人管理，客观上为色情、暴力、赌博、愚昧迷信等有害信息的传播提供了条件。

黄色书刊、黄色画片、黄色影碟，而今又加上"黄短信"和"黄段子"，黄毒之泛滥，无疑已成为社会公害。特别是青少年儿童，因阅历浅，识别力差，极易受其毒害，误了学业、毁了青春，甚至在自己的一生中留下一个永难消除的阴影和污迹。

案例中的少年犯罪，显然就是受网络中传播的"暴力"毒害的结果。所以对网络淫秽色情和暴力的舆论谴责和依法整治，是绝不可少的。不过，最要紧的还需从治本着手，即运用各种方式，通过教育引导，启发青少年们深刻认识其危害，识美丑、辨是非，从而不接触、不欣赏、不沾染、不模仿，自觉抵制网络黄毒的侵袭。

另外，个别网吧经营业主受经济利益的驱动，置国家法律法规和青少年的健康成长于不顾，仍准许、怂恿青少年进入网吧。许多青少年到网吧浏览境外的一些色情网站，经营者也不进行劝阻和正确引导，一些无经营许可证的黑网吧仍然存在，给管理增加了一定的难度，带有反动、赌博、诈骗及计算机病毒等有害信息的垃圾电子邮件也频繁出现。所以，加大对网吧经营业的法治力度，是阻止青少年网络犯罪的最有效的屏障。

抢劫网友

【案例】

7月的一天，因为在乡下的父母未能筹集好学费。为了排遣心中的苦闷，贾某来到一家网吧，用"苦海无涯"作网名，开始上网聊天。一个网名叫"窗前燕"的女孩主动同他联系，自我介绍是某大学四年级的学生。贾某一下子即被"窗前燕"渊博的医学知识折服了，两人你来我往，聊得颇为投机……两人约定，第二天晚上8点准时还在这个聊天室见面，不见不散。

第二天晚上，贾某准时上网进入聊天室，发现"窗前燕"早已等候多时了。这次他们所聊的内容已不仅仅局限于学习问题，而是扩大到了他们共同感兴趣的话题，听"窗前燕"介绍她去新、马、泰等国家旅游的见闻，贾某羡慕极了。通过交谈，贾某感觉到"窗前燕"是一个很真诚的人。本来网上的人是不愿说实话的，贾某却知道了"窗前燕"的真实姓名，而且就在本市，现在正放暑假在家。她的父母是做水果生意的，现出差订货去了，家中只有她一个人，她常常觉得寂寞孤独。在贾某看来，只有有钱人才有"寂寞孤独"的闲情。像自己家这样处于生活底层的人，整天像蚂蚁一样忙忙碌碌，哪有闲心胡思乱想。这时，他心里忽然产生了一种强烈的不平衡感。

下网之后，他猛地冒出了一个念头：这个叫佳某的人家里不是很有钱吗？趁着她家里没人，我何不去她家偷些钱来交学费？这个念头一出，连贾某自己都吓了一跳。但在反复考虑之后，他认为自己的盗窃计划隐蔽且安全系数高，他觉得应该试一试。精心策划之后，贾某开始逐步实施。

贾某找到一个朋友，说自己有急事要办，但与一个"美眉"网上有约，又不想言而无信，所以想请朋友代劳替他聊天。朋友觉得有趣，爽快地答应了，贾某详细地跟他交代了对方的情况和需注意的细节。

这天中午，贾某准备了几样作案工具，用公文袋装好，很轻易地找到了佳某家的住址。晚上10点，他和佳某约定上网的时间已到，为慎重起见，他给朋友打手机询问，得知朋友已与"窗前燕"愉快地聊上了，他接着又

网络篇

在街上给佳某家打了一个电话，确认无人接听之后，就立刻动身前往佳某家。他接连撬开了几个带锁的抽屉和一个小型保险柜，得到了 1 枚钻戒、1 条金项链和 1 副金手镯，另外还有现金 2 万多元。贾某在翻找过程中，无意间翻到了佳某的影集。受好奇心驱使，他仔细看了看，这才惊讶地发现，佳某是一个青春靓丽的漂亮女孩。临走时，他忍不住拿了一张佳某的照片。然而，"天有不测风云"，他从佳某家出来时，在开楼下大门的电子自动防盗门时，由于紧张而被正好巡逻的治安队员抓住了。

【法理分析】

这是典型的网络欺骗，一般说来，利用网吧或是网络犯罪的特点有以下几点：

一、侵害对象一般为年龄在 16～22 岁的青少年。

二、作案特点是，案犯大多是利用网络的虚拟性伪装自己，通过网上聊天，骗取受害者的信任和依赖，在约其见面时实施犯罪行为。由于这个年龄段的被害人普遍缺乏自我保护意识，没有足够的警惕性，容易上当。我们提醒青少年，上网时，要提高警惕，不要轻易相信陌生的网友，避免上当受骗。

以下是有关部门制定的"上网十大守则"，请广大未成年朋友注意。

1. 在网上，不要给出能确定身份的信息，包括：家庭地址、学校名称、家庭电话号码、密码、父母身份、家庭经济状况等信息。如需要给出，一定要征询父母的意见，没有他们的同意最好不要公布。

2. 不要自己单独去与网上认识的朋友会面。如果认为非常有必要会面，则到公共场所，并且要有父母或好朋友（年龄较大的朋友）陪同。

3. 如果遇到带有脏话、攻击性、淫秽、威胁、暴力等使你感到不舒服的信件或信息，请不要回答或反驳，但要马上告诉父母。

4. 未经过父母的同意，不向网上发送自己的照片。

5. 记住，任何人在网上都可以匿名或改变性别等。一个给你写信的"12 岁女孩"可能是一个 40 岁的男性。

6. 记住，你在网上读到的一些信息可能不是真的。

7. 当你单独在家时，不要允许网上认识的朋友来看望你。

8. 经常与父母沟通，让父母了解自己在网上的所作所为。

9. 控制自己使用网络的时间。在不影响自己正常生活、学习的情况下使用网络。

10. 切不可将网络（或电子游戏）当做一种精神寄托。尤其是在现实生活中受挫的青少年，不能只依靠网络来缓解压力或焦虑。应该在成年人或朋友的帮助下，勇敢地面对现实生活。

"疯狂"的网络少女

【案例一】

2001年冬季，在北京打工的乔某（东北人），认识了北京的姑娘毛某（17岁），两人交往一段时间后，都有一种相见恨晚的感觉，于是感情日渐亲密，最后两人同居在一起。2003年春节，乔某回东北老家，在家人的安排下，乔某与同乡的周某结了婚，而且结婚后乔某把周某也带到北京来。来到北京后，乔某一直和毛某来往，他没有将自己结婚的事告诉毛某。

2004年5月1日，周某所在的单位放假，周某打算回东北老家。乔某谎称单位忙不能去火车站送她。那天晚上，乔某把毛某带到自己的住处，当他俩在那一边看电视一边亲密时，周某突然开门进来，看到自己的丈夫和别的女人在一起，她非常气愤，就问毛某是谁，毛某竟然大声嚷道："我还没有问你是谁呢？你来这里干什么，怎么随便开人家的门进来啊？"

周某听他这么一说，立刻明白了一切，情急之下就跑到厨房拿菜刀，并口口声声说她要杀了这个小淫妇。毛某突然之间明白，乔某原来已经结婚了，可是一直欺骗着自己，她非常生气，她问乔某："你是不是已经结婚了，可是你一直瞒着我？"

乔某来不及回答，因为周某已经拿菜刀从厨房里冲出来了。乔某抱住周某夺周某手中的菜刀，可是周某哪里肯罢休，正当他们在那扭来夺去的时候，菜刀掉在地上，毛某跑过去，将菜刀捡起来，朝乔某身上连砍数刀，直到她看到乔某全身是血的时候，才肯罢休。

在法庭上，法官问毛某："你为什么要杀死他？"

毛某："因为我爱他，我们感情实在太深厚了。"

法官："你知道杀人要犯罪吗？"

网络篇

毛某："我当时已经疯狂了，无法承受眼前的打击。他结婚了为什么不告诉我。"

法官："你现在后悔吗？"

毛某："有什么好后悔的，我和他同居两年，那时我还在上高中，我退学就是为了他，为了能和他在一起。是他毁了我。"

【案例二】

据某报报道，一位网名叫"疯狂女孩"的14岁小女孩李某，父母在她小时候就离婚了，她和父亲一起生活，可是父亲经常在外忙生意，把她寄托在奶奶家，奶奶很少管她，所以她感到非常放任、自由。李某最大的爱好就是上网，在网上她谎称自己21岁，就在40余天里，先后与8名男性网友自愿发生性关系，她甚至说："做爱"是自己的爱好。最近，李某疯狂喜欢上了一网友兰某，和网友发生性关系后，兰某再也不理她。一日，她在街上看到兰某牵着一女孩子的手有说有笑，她不管三七二十一，拔出随身携带的水果刀冲上去就给了兰某几刀。

【法理分析】

当前，在我国青少年犯罪中，女性青少年犯罪成了一个严重的社会问题，女性青少年的犯罪，不仅影响了社会的治安，造成了他人生命健康的损害，而且直接影响到青少年的成长。当前，女性青少年犯罪中，有90%以上的与性有关，她们有各种反常的心态，学习不认真、工作不负责、思想轻浮、讲究妆饰、生活放荡，对两性关系异常敏感，一旦与人发生性关系，她们就会无所顾忌地向邪路滑下去，此时家长、学校如不及时帮助、教育、引导，她们就会滑到违法犯罪的深渊。

据目前的调研发现，少女犯罪主要表现为两点：

一是少女过早接触性，体验性关系后，她们观念前卫、大胆。有的因为堕落成了三陪小姐、卖淫者，甚至发展成为吸毒、贩毒分子。有过性体验的少女她们心智上还不成熟，外表上却又追求成人化，助长了她们的虚荣心和攀比心，当她们经济或者精神上得不到满足时，就会导致偷盗、抢劫、卖淫、贩毒等犯罪行为的发生。

二是导致其他男青年犯罪。有了性关系的少男少女，有一些脱离了家庭，租房同居。如案例一中的毛某。但是，由于没有经济能力，生活无法维持，很多男孩为了多挣些钱，极易加入违法犯罪的行列。有些男孩为了讨好女朋友，满足女朋友的虚荣心，也极易走上违法犯罪的道路。

针对少女犯罪的新走向和性关系对少女的影响，降低少女犯罪率是整个社会责无旁贷的使命，因此必须采取必要措施加以防范。对此我国《预防未成年人犯罪法》第3条规定："预防未成年人犯罪，在各级人民政府组织领导下，实行综合治理。政府有关部门、司法机关、人民团体、有关社会团体、学校、家庭、城市居民委员会、农村村民委员会等各方面共同参与，各负其责，做好预防未成年人犯罪工作，为未成年人身心健康创造良好环境。"

应进一步加强法制定法和法制教育，帮助未成年少女培养起独立自尊、自强、自爱、理性、宽容的道德观念；进一步加强性教育和思想道德教育，帮助未成年少女树立正确的人生观和价值观，树立正确的性观念，不要过早地发生性关系；进一步加强教育培训，教育未成年少女不断学习文化知识、工作技能、法律知识，不断提高自身素质。

其次，社会、学校、家庭应当为少女建立起强大的保护网，避免少女因缺乏关爱、温暖或因遭受性侵犯而产生厌世心理，进而使得她们走上犯罪的道路。

网络篇

保护篇

维护自己所获得的劳动报酬

【案例】

毛某（男，16岁）出生在一个普通的工人家庭。家里有四个兄弟姐妹，毛某是老大。由于企业效益不好，毛某的父母都下了岗，靠着领取政府的最低生活保障金和做点儿小买卖养活全家。毛某眼看着父母艰辛地支撑着这个家，几个弟弟、妹妹吃不好、穿不好，心里异常地焦急，他觉得自己是家里的老大，应该承担起责任来，为父母分担家庭的重担，让弟弟、妹妹们生活得更好些。

高中毕业后，毛某坚持不再读书，要求参加劳动。一开始，毛某的父母不忍心让自己的孩子就这样放弃学业，因为毛某在学校里的成绩十分优异，是个十分受老师喜欢的好学生，但毛某的态度十分坚决。父母看着家里的情况，觉得毛某的想法也有道理，这个家仅靠他们实在是支撑不下去了。

经父母同意，毛某外出寻找工作，并在一家私人的汽车修配厂找到了一份临时工作。老板让毛某在修配厂里干些零活，答应一个月给毛某500元钱。毛某考虑到自己刚刚参加工作，没有什么工作经验和手艺，这里的钱虽然少，但毕竟有些经济收入，而且还可以借这个机会学些手艺。就这样，毛某在汽车修配厂开始了他的劳动生涯。

毛某吃苦耐劳，工作十分勤奋，每天一大早就来到厂里，什么活都抢着干，再苦、再累也没有一句怨言。工厂里的师傅和徒工都十分喜欢他，有些师傅还有意教毛某一些手艺，毛某很认真地学着。

转眼一个月过去了，别人都领到了工资，老板却对毛某绝口不提工资的事。毛某找到老板要工资。老板推说下个月一块给他，让他好好干。毛某信以为真，没再说什么。第二个月结束了，到了领工资那一天，还是没有毛某的份，毛某十分气愤，找到老板论理。老板拉下了脸："你还要工资？你到我们这是学手艺来的，没让你交学费就不错了。"

毛某据理力争，说老板亲口答应，一个月给自己500元钱。老板一声冷笑："我什么时候答应你了，有什么证据，合同呢？"

毛某傻了眼，当时确实没和老板签任何书面的协议，老板仅仅是口头答应自己。毛某垂头丧气地回了家，父母听说了这个情况，也只是唉声叹气，说毛某这次就当长个教训吧，社会远远不像学校那么单纯。

毛某的工友们对老板的做法十分气愤，都为毛某打抱不平。一个工友偷偷找到了毛某，让他到法院去告老板，大家都愿意为他作证：一定帮他把工钱讨回来。毛某一开始还有点儿犹豫，但在工友的热心鼓励下，他终于鼓起勇气，决定用法律的武器来保护自己的合法权益。

第二天，毛某就到人民法院起诉，并提交了工友们出具的书面证言，经人民法院核实后，证实毛某在某汽车修配厂按约定劳动两个月，应当获得1000元劳动报酬。汽车修配厂的经营者应当按照约定，履行支付劳动报酬的义务。

人民法院依法判决，汽车修配厂老板自判决生效之日起15日内，支付毛某的报酬1000元。面对人民法院的判决，老板乖乖地付给了毛某工资。毛某感到特别地高兴，因为他不但讨回了劳动报酬，更重要的是他学会了在自己的权益受到侵犯时，不忍气吞声，而是运用法律的武器保护自己。面对未来，毛某充满了信心，因为他知道，不论什么时候，法律都是自己的守护神。

【法理分析】

我国的《未成年人保护法》和《禁止使用童工规定》均有明确规定：禁止使用童工。即任何单位和个人不得招用未满16周岁的未成年人从事有经济收入的劳动。依上述规定，在我们国家，一般不允许招用未满16周岁的未成年人做工。但有些单位，如文艺、体育和特种工艺单位，由于行业的需要，确需招用未满16周岁的文艺工作者、运动员和艺徒，经县级以上（含县级）劳动行政部门批准后可招用。

尚不具备实施初级中等义务教育条件的农村贫困地区，未升入初中的13～15周岁的少年，如确实需要，可以从事有经济收入的、力所能及的辅助性劳动，但其范围和行业应按省、自治区和直辖市人民政府的规定，严加限制。16～18周岁的未成年人可以就业，但在劳动中应受到特殊保护。《未成年人保护法》第28条规定："任何组织和个人依照国家有关规定招收已满16周岁未满18周岁的未成年人的，应当在工种、劳动时间、劳动强度和保护措施等方面执行国家有关规定，不得安排其从事过重、有毒、有害的劳动或危险作业。"

在我国，年满16周岁未满18周岁的未成年人，如果完成了规定年限的义务教育，不再继续升学的，依法可以从事有经济收入的劳动或者个体劳动。依照我国《劳动法》第3条的规定，未成年人享有如下劳动权利：

一、就业的权利。年满16周岁的未成年人享有就业的权利。未成年人已经受完规定年限的义务教育不再升学的，政府有关部门和社会团体、企事业单位应当根据实际情况，对他们进行职业技术培训，为他们创造劳动就业条件。

二、选择职业的权利。在法律允许的范围内，未成年人有权依照自己的意愿选择自己从事的职业。

三、取得劳动报酬的权利。未成年工在向用人单位付出劳动的同时，有权获得相应的劳动报酬。

四、休息休假的权利。未成年人有权在法定工作时间之外享受法定的休息时间和法定节假日。

五、获得劳动安全卫生保护的权利。未成年工有权获得特殊的劳动保护。不得安排未成年工从事矿山井下、有毒有害、国家规定的第四级体力劳动强度的劳动和其他禁忌从事的劳动。用人单位应当对未成年工定期进行健康检查。

六、接受职业技能培训的权利。未成年人有权获得必要的职业培训。职业培训的内容包括职业道德、职业技术、法律知识、预防犯罪教育等。

七、享受社会保险和福利的权利。未成年工在患病、负伤、失业等情形下，有权获得社会保险待遇，有权享受国家和用人单位提供的各项福利待遇。

八、提请劳动争议处理的权利。未成年人与用人单位发生劳动争议时，有权依法申请调解、仲裁或者提起诉讼。

九、其他劳动权利。例如依法参加和组织工会的权利、以合法方式参与民主管理的权利、就保护自身合法权益与用人单位进行平等协商的权利等。

综上所述，符合法律规定条件的未成年人工作后，有权从用人单位获取劳动报酬，即工资。依《劳动法》的有关规定，用人单位分配工资应遵循按劳分配原则，实行同工同酬。国家实行最低工资保障制度。最低工资的具体标准由省、自治区、直辖市人民政府规定。用人单位支付未成年人的工资不得低于当地最低工资标准。用人单位可以根据本单位的生产经营特点和经济效益，依法自主确定本单位的工资分配方式和工资水平，但不能克扣或无故拖欠未成年劳动者的工资。

在本案中，汽车修配厂老板拒不支付给毛某约定的工资，显然侵犯了未成年工的合法权益，人民法院依法判决其履行支付劳动报酬的义务，有力地维护了未成年人的合法权益，是正确的，体现了保护未成年人的法律精神。

在本案中，毛某在到某汽车修配厂工作时，未与老板签订劳动合同，是一大失误。劳动合同是劳动者与用人单位确立劳动关系、明确双方权利和义务的协议。未成年人一旦与单位建立劳动关系，就应当订立劳动合同。只有订立了劳动合同，未成年人的劳动权益才能得到可靠的保障。在发生劳动争议时，才能有据可凭，自己的合法权益才能得到法律及时、有效的保护。

劳动合同应当以书面形式订立，依照《劳动法》的规定，劳动合同中必须具备下列条款：一、劳动合同期限；二、工作内容；三、劳动保护和劳动条件；四、劳动报酬；五、劳动纪律；六、劳动合同终止的条件；七、违反劳动合同的责任。

上述七项条款为劳动合同的必备条款，除此之外，未成年人与用人单

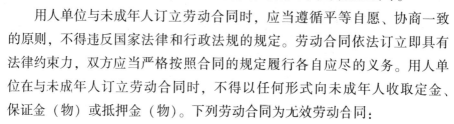

位还可以协商约定其他内容，如试用期、保守用人单位商业秘密等。

用人单位与未成年人订立劳动合同时，应当遵循平等自愿、协商一致的原则，不得违反国家法律和行政法规的规定。劳动合同依法订立即具有法律约束力，双方应当严格按照合同的规定履行各自应尽的义务。用人单位在与未成年人订立劳动合同时，不得以任何形式向未成年人收取定金、保证金（物）或抵押金（物）。下列劳动合同为无效劳动合同：

一、违反法律、行政法规的劳动合同。例如，餐厅、旅馆招用未满16周岁的未成年人做工而订立的劳动合同；含有要求未成年人从事矿山井下、有毒有害、易燃易爆等禁忌性劳动内容的劳动合同。

二、采取欺诈、威胁等手段订立的劳动合同。用人单位谎称高薪、高福利，诱骗未成年人与之订立的劳动合同或以暴力等手段迫使未成年人订立的劳动合同。

无效的劳动合同，从订立的时候起，就没有法律约束力。未成年人如果认为自己与用人单位订立的合同有违法内容，或者自己是在受欺诈、威胁的情况下订立的劳动合同，可以通过两种方法确认劳动合同无效：一种是向当地的劳动争议仲裁委员会申请仲裁；另一种是到当地人民法院提起诉讼。劳动合同是否无效，由劳动争议仲裁委员会或者人民法院确认。

根据我国《劳动法》的规定，劳动争议可以通过调解、仲裁、诉讼三种手段加以解决：

一、调解。

用人单位可以设立劳动争议调解委员会，在自愿的基础上，调解本单位内部发生的劳动争议。劳动争议调解委员会由单位的职工代表、用人单位代表和工会代表组成。劳动争议发生后，未成年人可以申请调解。申请调解，应当自知道或应当知道其权利被侵害之日起30日内，以口头或书面形式向调解委员会提出调解申请。调解委员会调解劳动争议，应当自当事人申请调解之日起30日内结束，到期未结束的，视为调解不成。经调解，用人单位与未成年工双方达成协议的，应当按照协议履行；调解不成的，未成年人可以申请仲裁。

二、仲裁。

仲裁是劳动争议处理程序中的第二个环节。我国的县、市、市辖区设立劳动争议仲裁委员会，负责处理本地区发生的劳动争议。劳动争议仲裁委员会由劳动行政部门代表、同级工会代表、用人单位代表组成。劳动争议调解不成，当事人一方要求仲裁的，可以向劳动争议仲裁委员会申请仲裁。

未成年工一方也可以不经调解，直接向劳动争议仲裁委员会申请仲裁。提出仲裁要求的一方应当自劳动争议发生之日起 60 日内向劳动争议仲裁委员会提出书面申请。仲裁裁决一般应当在收到仲裁申请的 60 日内作出。当事人对仲裁裁决没有异议的，必须履行。未成年工对仲裁裁决不服的，可以自收到仲裁裁决书之日起 15 日内向人民法院提起诉讼。如果用人单位在法定期限内不起诉又不履行仲裁裁决的，未成年工可以凭仲裁裁决书到人民法院申请强制执行。

三、诉讼。

人民法院依照民事诉讼程序对劳动争议案件进行审理，并以调解或判决方式结案，这是劳动争议案件的最终处理方式。人民法院受理劳动争议案件的条件是：

第一，案件经过劳动争议仲裁委员会的仲裁；

第二，争议当事人不服裁决，在规定期限内起诉；

第三，属于受诉人民法院管辖。

但在本案中，毛某直接向人民法院提起诉讼，要求保护自己获得劳动报酬的权利。虽然毛某与某汽车修配厂的劳动争议未先经过劳动争议仲裁委员会的仲裁程序，人民法院直接受理本案，在程序上似乎有缺陷，与法不符，但人民法院出于给予未成年人劳动权益以特殊保护的考虑，希望尽快地解决未成年工与用人单位的纠纷，其出发点是好的。

人民法院在经过调查核实的情况下，迅速判决某汽车修配厂履行支付劳动报酬的义务，支付毛某的工资，有利于对未成年人合法权益的及时保护，不应该在程序上求全责备。如果人民法院驳回毛某的起诉，让毛某先向劳动争议仲裁委员会申请仲裁，对仲裁裁决不服再起诉，一方面可能会打击毛某运用法律武器保护自己合法权益的积极性，另一方面，随着程序

保护篇

的复杂化和时间的延长，情况可能发生意外的变化，丧失解决问题的最佳时机，最终使毛某的合法权益无法得到法律的保护。这是我们大家都不希望看到的。

抵制"口袋书"

【案例】

童某有一个 10 岁的儿子，从小就调皮捣蛋。上了小学三年级之后，童某发现孩子开始接触一些不良读物。一天，童某的一位年轻的女同事到家里来做客。童某和同事坐在客厅里，一边喝茶，一边聊天。

由于是星期天，童某的儿子刚好在家。他看到母亲的同事，小眼睛眯成了一条缝，像个小大人似的把对方打量了一番。一开始，母亲和自己的同事还都觉得他的行为很好笑，说他学大人样，调皮得很。忽然，童某的儿子走到了母亲同事的面前，眨巴着眼睛说道："小姐，我好喜欢你哦！你是我的卫生纸！"

闻听此言，母亲和同事都尴尬至极，无言以对。还有一次，童某的儿子对自己的同学教训起来："你小时候说谎，长大了要变成政治家的耶！"……

孩子最近屡屡出言不逊，引起了童某的警觉："你从哪学的这些话？"他脱口而出："《蜡笔小新》呀！"

这本书童某也听说过，据说非常受现在的孩子的欢迎，她决定探探其中的"奥秘"。童某专门买了一套《蜡笔小新》，读完之后，不禁感到一阵隐忧：原来"蜡笔小新"是个好色、会要挟、能服软的孩子……这书咋能让自控力差、可塑性强的孩子读呢？孩子不就受其影响在学坏吗？

童某当即从孩子的书包里搜出《蜡笔小新》，连同自己买的那套一并将其付之一炬！为此，童某的儿子和母亲大吵了起来，孩子对烧毁了自己心爱的《蜡笔小新》的母亲讲了一大通道理。事后，童某冷静下来，又觉得孩子的话并非完全没有道理。

童某 10 岁的儿子说："你们这些大人整天唠叨，说'口袋书'不好，老师也整天警察似的见一本收一本，什么要看名著呀，要看有教育意义的书啦……天天听这些，我脑袋都大了。那些大部头也不能说不好，可我有时间看吗？每天作业都做得昏天黑地的。咱只能挤一点坐车的时间、课间休息的时候，随手翻翻那些课本以外的书。'口袋书'便于携带，内容还挺吸引人……看后不用绞尽脑汁去谈感受、写感想。再说，咱是差生！姥姥不疼，舅舅不爱。只有在那小小的书中，才能找到咱的天地，才可以稍微陶醉一把。上学期，语文老师要我们找鲁迅、冰心的书来看，挑出最喜欢的，互相交流感想。可把我难坏了！谁能看懂那什么'夕拾'来着，那'水'呀、'星'的三言两语的诗，也让人看了不爽。唉，想看的，老师说'不好'；这些'好'的吧，咱又不想看，真是！我就有点不明白，'口袋书'当真不好的话，为什么有这么多人看、有这么多人卖呢？"

【法理分析】

人民网"未成年人思想道德建设大家谈"栏目有关调查显示：

一、学生课外阅读丰富多彩，多数学生看过"口袋书"。从被访学生的年龄构成来看，小学生一般读漫画类、卡通类、少儿文学类的书，中学生大多会读一些言情类、科普类、名著类的书籍。

"你是否看过'口袋书'？"67%的学生表示看过。

"你身边的同学看'口袋书'的状况如何？"43%的学生表示很普遍。

"你们喜欢看'口袋书'的原因是什么？（可多选）"37%的学生是因为内容刺激又好看；41%是因为体积小方便携带；46%是因为书里描写了一种自己感受不到的生活，很向往；27%是因为同学看也跟着看。

二、"口袋书"对孩子成长极为不利，净化青少年读物市场迫在眉睫。

"您的学生中看'口袋书'的现象普遍吗？"43%的老师表示非常普遍。

当问及"您对'口袋书'的内容如何看？"时，37%的老师表示"口袋书"的内容极其不健康，低俗、下流是其特点；29%表示"口袋书"中描写不现实情爱的情节太多，对青少年德育不利；34%表示"口袋书"的内容无可学之处。

"学生读了'口袋书'后，有哪些变化呢？（可多选）"61%的老师表示最明显的表现是学习成绩下降；36%表示学生变得行为鲁莽、脾气暴躁；59%表示"早恋"现象越来越严重，由此引发的早孕、人身伤害等问题也越来越多；48%表示学生越来越不好管理。

"有何对策？"54%的老师表示只能通过教育方式，动之以情、晓之以理；29%表示一般会采取和家长联手强制的措施控制学生；17%表示寄希望于学生自觉。

调查中，98%的老师希望有关部门严肃查处不法人员，狠抓狠罚，有效净化青少年读物市场。

简而言之，"口袋书"是指一种64开或小36开的新型袖珍类出版物，因其体积小、便于携带，俗称"口袋书"，分合法和非法两种：非法的"口袋书"有纯文字型的，也有学生喜爱的日本漫画形式，大多由不法书商假冒或伪造港台出版社名义出版，不同的图书共用一个书号，印制粗劣，一个系列包含几十种甚至上百种，里面充斥着色情、暴力、恐怖等各种低级趣味的内容。新闻出版总署近日公布的数据说，2003年全国查缴有害卡通画册和淫秽"口袋书"计239万册，共查处相关案件5326起。"口袋书"曾一度成为低俗、色情读物的代名词。"口袋书"有相当大的市场，其因至少有三：内容诱人；便于携带；与未成年人有共鸣。这值得我们反思。

现阶段，社会上一部分人的急功近利，带给了孩子们食而不化的快餐文化；一些不法分子大肆非法兜售的某些"口袋书"成为扭曲未成年人世界观、人生观和价值观，引发犯罪的诱因之一。这是一种违法犯罪行为。

《未成年人保护法》第51条规定："向未成年人出售、出租或者以其他方式传播淫秽的图书、报刊、音像制品等出版物的，依法从重处罚。"

《预防未成年人犯罪法》第30条规定："以未成年人为对象的出版物，不得含有诱发未成年人违法犯罪的内容，不得含有渲染暴力、色情、赌博、恐怖活动等危害未成年人身心健康的内容。"第31条规定："任何单位和个人不得向未成年人出售、出租含有诱发未成年人违法犯罪以及渲染暴力、色情、赌博、恐怖活动等危害未成年人身心健康内容的读物、音像制品或者电子出版物。任何单位和个人不得利用通讯、计算机网络等方式提供前款规定的危害未成年人身心健康的内容及其信息。"第52条规定："违反本法第30条的规定，出版含有诱发未成年人违法犯罪以及渲染

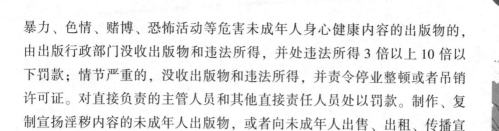

暴力、色情、赌博、恐怖活动等危害未成年人身心健康内容的出版物的，由出版行政部门没收出版物和违法所得，并处违法所得 3 倍以上 10 倍以下罚款；情节严重的，没收出版物和违法所得，并责令停业整顿或者吊销许可证。对直接负责的主管人员和其他直接责任人员处以罚款。制作、复制宣扬淫秽内容的未成年人出版物，或者向未成年人出售、出租、传播宣扬淫秽内容的出版物的，依法予以治安处罚；构成犯罪的，依法追究刑事责任。"

第 53 条规定："违反本法第 31 条的规定，向未成年人出售、出租含有诱发未成年人违法犯罪以及渲染暴力、色情、赌博、恐怖活动等危害未成年人身心健康内容的读物、音像制品、电子出版物的，或者利用通讯、计算机网络等方式提供上述危害未成年人身心健康内容及其信息的，没收读物、音像制品、电子出版物和违法所得，由政府有关主管部门处以罚款。单位有前款行为的，没收读物、音像制品、电子出版物和违法所得，处以罚款，并对直接负责的主管人员和其他直接责任人员处以罚款。"

对非法的"口袋书"应当依据上述法律规定，予以制裁。如果触犯了《刑法》的，应当依法追究当事人的刑事责任。

当然，"口袋书"有合法和非法之分，我们需要围剿其中含有色情、暴力及低级趣味内容的不良读物；但也更需要反思其乘虚入市的"招数"，比如版本、品种、内容、宣传和促销手段，等等。现时的青少年面对着诸多"成长的烦恼"：课业负担、家长不解、老师误会、发育期的惶惑不安及成人社会的种种思想道德困扰，从心底呼唤那些用童心写就、溢满童趣的优秀出版物脱颖而出！经典名著固然值得推崇，但唯有读懂少儿心灵的本土原创图书才能真正"解渴"。

现在有些青少年相当冷漠，甚至到了"铁石心肠"的地步。小小年纪，动辄拳脚交加、刀棒相向；少年发案率居高不下，犯罪"低龄化"让人瞠目。这和充斥色情、暴力及不良低俗内容的"口袋书"泛滥成灾的影响息息相关。治疗这一社会病象涉及方方面面，一个值得尝试的"药方"是：健康的、优秀的读物也要"投少年儿童所好"！

青少年初涉人世，对一切充满好奇。他们对故事情节离奇曲折的叙事文学作品特别感兴趣。青少年还普遍存在一种盲从心理，只要是"热门书"，就会想方设法弄来看。这是当下一些魔幻和恐怖类"文化垃圾"得以畅销的原因。但我们应清醒地认识到，青少年喜欢的畅销书，未必是优良读物。

"开卷"未必有益！书海茫茫，良莠杂陈，珠石兼有。只有开的"卷"既属上佳精神食粮，又适合少儿口味，"开卷"才能有益。遍观全国上下，我们并非欠缺好书，但缘何没有像从国外引进的《哈利·波特》之类大行其道的书籍呢？根源之一就在于我们太过于强调"教化功能"，而忽视了未成年人承受课业竞争压力之余寻求轻松、趣味和新奇的阅读心理。

退而言之，抛开特定含义不说，"口袋书"不过是一种版本形式而已，便于携带、价格适中，为什么不可以借鉴呢？出书何以动辄成卷成套、价格不菲呢？由此，不妨向广大儿童文学作家们进一言：看见别人"畅销"，也要反思自己。一方面，要自觉抵制用"文化垃圾"来充实自家"钱袋"的不良倾向；另一方面，也要多多琢磨如何在写作内容、编排形式上更多创新，营造"卖点"，将干巴巴的训诫通过高超而又自然的艺术手段体现出来，使优良少儿图书变得"好玩"。这样的作品必是具有强大吸引力、能够激起孩子们浓厚阅读兴趣的佳作！

《未成年人保护法》第24条规定："国家鼓励新闻、出版、广播、电影、电视、文艺等单位和作家、科学家、艺术家及其他公民，创作或者提供有益于未成年人健康成长的作品。出版专门以未成年人为对象的图书、报刊、音像制品等出版物，国家给予扶持。"优秀的儿童图书也正需要政府的大力扶持和鼓励。

抗拒非法婚约

【案例】

陈某是一个农村姑娘，13岁时由父母做主，同一个16岁的男青年订立了婚约。男方给了陈某的母亲1000元礼金。陈某16岁时，提出要与男方解除婚约。男方不肯，坚持"要人不要钱"。陈某为了保护自己的权益，便到法院起诉，要求解除婚约。法院经过调查，在做好疏导工作的基础上，依

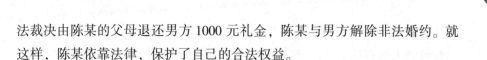

法裁决由陈某的父母退还男方 1000 元礼金，陈某与男方解除非法婚约。就这样，陈某依靠法律，保护了自己的合法权益。

【法理分析】

陈某的做法是对的。《未成年人保护法》第 11 条规定："父母或者其他监护人不得允许或者迫使未成年人结婚，不得为未成年人订立婚约。"所以，未成年人应该懂得，父母强迫自己结婚或者为自己订立婚约都是违法行为，侵犯了自己的合法权益。面对父母的这种行为，未成年人可以直接向父母指出这种行为的性质。

由于未成年人身心尚处在发育阶段，过早地结婚、发生性行为和生育子女，不利于未成年人身心的健康发育，也不利于婚姻关系的和谐稳定。如果父母或者其他监护人能正确认识到自己行为的违法性质和对未成年人造成的危害，相信他们会纠正自己的错误做法。在劝说父母为自己退婚无效的情况下，未成年人可以向政府或社会团体等求助。

《未成年人保护法》第 5 条规定："国家保障未成年人的人身、财产和其他合法权益不受侵犯。保护未成年人，是国家机关、武装力量、政党、社会团体、企业、事业、组织、城乡基层群众性自治组织、未成年的监护人和其他成年公民的共同责任。对侵犯未成年人合法权益的行为，任何组织和个人都有权予以劝阻、制止或者向有关部门提出检举或者控告。国家、社会、学校和家庭应当教育和帮助未成年人运用法律手段，维护自己的合法权益。"

未成年人可以向各级人民政府（如政府的民政部门）求助，也可以向共青团组织、妇联、工会、青年联合会、学生联合会、少年先锋队等社会团体和城市居民委员会、农村村民委员会、父母所在单位学校要求帮助。必要的时候，可以在亲属、学校和有关部门及组织的帮助下，向人民法院提起诉讼，保护自己的合法权益。

心理上的自我保护机制

【案例】

学生李某，从小因父母关系紧张、家境不好，养成了既自卑又自傲的

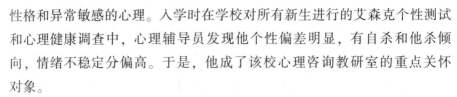

性格和异常敏感的心理。入学时在学校对所有新生进行的艾森克个性测试和心理健康调查中，心理辅导员发现他个性偏差明显，有自杀和他杀倾向，情绪不稳定分偏高。于是，他成了该校心理咨询教研室的重点关怀对象。

心理辅导员经常与其谈心，使他的心态逐渐趋于平和。李某同宿舍有位与他经历相似、性格容易起冲突的同学，两人常因琐碎小事互相出言不逊，逐渐发展成了冤家对头。有一天李某突然用刀架在那位同学的脖子上，企图把他杀了以后自杀。就在他握刀的手准备用力的一刹那，他想起了两多年来心理辅导老师对他的谆谆教导，他即刻放下刀，跑到心理咨询中心向心理辅导员求助。

也是同一个学校。有一位学生，从小在受人欺压、轻视中长大，养成了仇视社会、不信任别人的心态。他总认为有位老师对他们那地方的学生不好，一次纠集了一帮老乡同学，准备把这位老师干掉。他犹豫一个星期后，找到了心理咨询辅导员。经过一段时间的心理调适，他强烈的仇恨心理终于舒缓了下来。针对他要求别人尊重、承认他人价值的心理，心理辅导员引导他集中精力学习。最后他以优秀的成绩从高中升到专科。

又有一位同学是从边远山村来的大学生，上大学前村里摆了十几桌酒席送他。但入学后，一个学期下来，他学习成绩追不上别人，评不上先进，经济条件又不如别的同学，这都让他萌生了悲观绝望的思想，他选择了割脉自杀。两刀子下去，望着流淌的鲜血，他想起了为他的学资辛苦劳作的父母，他向校医院跑去……后来，他成了学校心理咨询中心的常客。当他顺利毕业时，他说，心理辅导员是对他一生影响最大的两个人之一。

【法理分析】

这三个放下刀子的年轻人，是心理咨询中心让他们放下手中罪恶的刀子的，深层的根源又是什么呢？在现实生活中，每个人的心理上都有一套自我保护机制，它使我们敏感而脆弱的心理能够由此更坚强一些，能够对危机和挫折有所防御，有所淡化，从而得到自我解脱。心理自我保护机制普遍存在于人的心理活动中，其功能类似生理上的免疫系统。当人们由于某种原因将要或已经陷入紧张焦虑状态时，就可借助心理自我保护机制来减轻或免除内心的不安与痛苦以更好地适应生活。常见的自我保护机制有潜抑、合理化、仿同、投射、反向作用、躯体化、置换、幻想以及补偿和升华等。

这个案例告诉我们：

一、社会、学校要建立一个关心青少年心理健康的咨询机构，为青少年走出心理误区保驾护航。

二、心理咨询员要具备良好的文化素质、专业知识，要懂得将心理学知识的普遍性应用到青少年这一特殊群体时的技能。

三、青少年心理误区应引起高度重视。因为轻者少年自杀，重者少年杀他，引起严重社会问题。

四、青少年要相信自己的未来，相信能度过躁动的青春心理期。

享受特殊的劳动保护

【案例】

张某17岁，初中毕业后进了一家广告公司工作。张某虽然年龄不大，但对电脑动画制作十分在行，深得老板的赏识。随着公司业务越来越大，为了赶时间，老板几乎天天留公司的工作人员加班，张某也不例外，有时工作深夜才回家。国家法律规定8小时工作制，可张某几乎天天工作十三四个小时，而且这样加点工作持续发生，张某最终患上了神经衰弱症，需要进行疗养和治疗。张某的父亲找到公司老板，希望张某康复后不要再让他加班，给他适当的照顾。可老板却说，只要张某还在公司工作，就不能享受特殊照顾，必须和其他工作人员一样加班工作。

【法理分析】

本案涉及未成年工特殊劳动保护的法律问题。我国法律规定已满16周岁的未成年人可以参加工作。参加工作、劳动就业是未成年人迈向社会的第一步，它标志着未成年人将成为自食其力的劳动者，将被视为完全民事行为能力人，将享有一定的劳动权利，参与经济、社会活动，为社会作出自己的一份贡献。但未成人毕竟不同于成年人，这就需要社会为其创造适

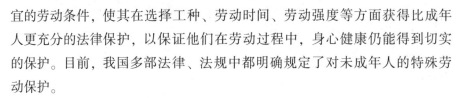

宜的劳动条件，使其在选择工种、劳动时间、劳动强度等方面获得比成年人更充分的法律保护，以保证他们在劳动过程中，身心健康仍能得到切实的保护。目前，我国多部法律、法规中都明确规定了对未成年人的特殊劳动保护。

我国《未成年人保护法》第 28 条第 2 款规定："任何组织和个人依照国家有关规定招收已满 16 周岁未满 18 周岁的未成年人的，应当在工种、劳动时间、劳动强度和保护措施等方面执行国家有关规定，不得安排其从事过重、有毒、有害的劳动或者危险作业。"1994 年公布的《劳动法》中也规定："不得安排未成年人从事矿山井下、有毒有害、国家规定的四级体力劳动强度和其他禁止从事的劳动。"这些是我国保护未成年人就业的总要求。

具体来说，应采取的保护措施有：

一、企业招收使用已满 16 周岁不满 18 周岁的未成年人，应根据本人的身体状况、文化程度等素质，在工种上给予照顾；对女性未成年人，还应给予特别照顾。在招用工人时，凡适合妇女从事的工种，不得歧视女性。在劳动强度上，应安排未成年工从事较为轻松、没有危险的工种。

二、依据《劳动法》，在劳动时间上，每天不能超过 8 小时。未成年人无论是在国有企业、集团企业还是在个体企业和外商投资的企业中，每天工作时间都不得超过 8 小时。

三、不能让未成年人从事过重、有毒、有害、有危险的劳动。"过重"的劳动，指机械制造、采挖、搬运、装卸等方面的工作；"有毒"主要指冶炼、蒸馏等与有毒物质接触的工作；"有害"是指对人身体有影响的气体、粉尘、噪声、污染等影响环境的工作；"有危险"主要指高空、水下等作业场地对人有直接的安全影响的工作。

1994 年劳动部发布了《未成年人特殊劳动保护规定》，它详细规定了用人单位不得安排未成年人从事的过重、有毒、有害有危险的劳动，主要包括：《生产性粉尘作业危害程序分级》国家标准中第一级以上的有毒作业；《有毒作业分级》国家标准中第一级以上的有毒作业；《高处作业分级》国家标准中第二级以上的冷水作业，《冷水作业分级》国家标准中第二级以上的冷水作业；《高温作业分析》国家标准中第三级以上的高温作业；《低温作业分级》国家标准中第三级以上的低温作业；《体力劳动强度分级》国家标准中四级以上体力劳动强度的作业；矿山井下及矿山地面采石作业；森林业中伐木、流放及守林作业；工作场所接触放射性物质的作业；有易燃易爆、化学性烧伤和热烧伤等危险性大的作业；等等。

四、建立未成年工的登记和健康检查制度。未成年工必须持未成年工登记证上岗。用人单位应当对未成年工定期进行健康检查。具体的检查时间是：安排工作岗位之前；工作满1年；年满18周岁，距前一次的体检时间已超过半年。

未成年工的体检和登记，由用人单位统一办理并承担费用。上述对未成年工的特别保护措施充分体现了对未成年人的关心和爱护，用人单位应当严格执行上述法律规定，切实保护未成年工的身体健康。用人单位违反上述规定的，由劳动行政部门责令改正，并可处以相应的罚款；对未成年工造成损害的，应当承担赔偿责任。

本案中，张某作为一名未成年工作人员，理应受到所在单位的特殊保护，在选择工种、劳动时间、劳动强度等方面得到相应照顾。而从本案事实看，未成年工张某并没有得到法律规定的特别劳动保护，他不仅在工作时间上没有少于标准工作时间（每日8小时），没有得到适当增加休息时间的待遇，反而天天加班加点地工作甚至从事夜班工作。这种状况严重影响了他的身心健康，导致他神经衰弱。当张某父母请求公司对张某照顾时，却遭到公司负责人的拒绝。公司的上述种种行为是错误的，张某父母可向当地劳动行政部门反映，由劳动行政部门责令其改正，对其处以相应的处罚。

用法律维护自己的合法权益

【案例】

李某是一个孤儿，从小在孤儿院长大。到了8岁的时候，他开始露宿街头，到处靠乞讨为生，这样的生活一直到17岁。为了谋生，他开始到广州打工，由于长期的营养不良，李某人长得瘦瘦的，很多用人单位都不愿用他，所以很久一段时间，他没有找到工作，而又继续在街头乞讨。

王某的父母离异后，他随父亲生活。后来父亲找了一继母，继母对王某经常拳打脚踢，动辄骂其"赶快滚蛋"！当王某17岁时的一天夜里，由于和继母吵了几句，他从此离家出走。一个月后来到广州，由于王某也是靠乞讨为生，一天晚上在露宿时与李某相识了，从此，两个"同是天涯沦落人"，无所不谈。

第二天，李某两人去到了一家劳务市场，在劳务市场附近看到了一公司老板在招工，两人问了招工的条件：男性，能吃苦耐劳，白天搬运，晚上看守库房，一个月工资300元，供吃供住。李某和王某当时异常兴奋，想到自己终于可以不用流浪街头了，有地方住，有饭吃，对于他们来说已经是很好的满足。

当招工老板问他们二人年龄时，李某说他18岁，王某说他19岁。于是招工老板带走了他们，老板把他们带到了一间又黑又暗的地下室库房，分配了他们二人任务。就这样，李某二人开始了他们的打工历程。可是一个月过去了，两个月过去了，老板一直没有给他们发工资，王某二人毕竟没有见过多少世面，想问问老板又怕老板把他们给开除。

又过了一个月，二人感到非常地不是滋味，所以他们终于鼓足勇气向老板开口了，老板说："你们放心干活就是了，工资的事你们不用担心，这一段公司效益不好，所以资金周转不过来，过几天有了转机，我再发给你们，好好干活吧！"

转眼又一个月过去了，老板仍没有给他们发工资。二人终于忍无可忍了，于是李某对王某说："老板这样对我们，当我们是傻瓜，他库房办公室不是有一台电脑吗，咱俩把他偷去卖了。"王某觉得是个好主意，二人决定当天晚上就开始"行动"。

当夜王某与李某按计划偷出了电脑，王某二人夜里找到了一在广州开杂货铺的王某的老乡周某（30岁）。周某知道其中的来龙去脉后，给了他二人300元把电脑买下。后被老板告发，二人被公安机关逮捕。

【法理分析】

《劳动法》第50条规定："工资应当以货币形式按月支付给劳动者本人，不得克扣或者无故拖欠劳动者的工资。违反此规定的，由劳动行

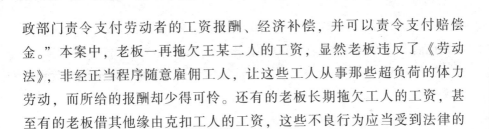

政部门责令支付劳动者的工资报酬、经济补偿，并可以责令支付赔偿金。"本案中，老板一再拖欠王某二人的工资，显然老板违反了《劳动法》，非经正当程序随意雇佣工人，让这些工人从事那些超负荷的体力劳动，而所给的报酬却少得可怜。还有的老板长期拖欠工人的工资，甚至有的老板借其他缘由克扣工人的工资，这些不良行为应当受到法律的制裁。

本案中的王某二人，因为老板拖欠他们的工资，而采取偷盗的方式对老板实施报复，是典型的打工仔报复老板发生的犯罪案例。王某二人不甘忍受老板的剥削和压迫，于是商议盗窃老板的电脑，构成盗窃罪。根据我国《刑法》第264条之规定，盗窃公私财物，数额较大或者多次盗窃的，处3年以下有期徒刑、拘役或者管制，并处或者单处罚金；数额较大或者有其他严重情节的，处3年以上10年以下有期徒刑，并处罚金。根据《最高人民法院关于审理盗窃案件具体应用法律若干问题的解释》第3条规定，盗窃公私财物"数额较大"、"数额巨大"、"数额特别巨大"的标准如下：

一、个人盗窃公私财物价值人民币500元至2000元的以上的，为"数额较大"。

二、个人盗窃公私财物价值人民币价值在5000元至20000元以上的，为"数额巨大"。

三、个人盗窃公私财物价值人民币3万元至10万元以上的，为"数额特别巨大"。

本案中，按照上面解释的这一规定，王某二人盗窃的那台电脑经评估，价值人民币5500元，属数额较大，应当处以3年以下有期徒刑、拘役或者管制，并处或者单处罚金内考虑量刑，又由于二人是未成年人和事出有因，因此在量刑时可以从轻、或者减轻考虑。

可是本案中王某的老乡周某，明明知道电脑是王某二人的犯罪所得，可他为了贪图便宜而收购，周某作为一个成年人，根据《刑法》第312条规定，明知是犯罪所得的赃物而予以窝藏、转手、收购或者代为销售的，处3年以下有期徒刑、拘役或者管制，并处或者单处罚金。

周某因为贪小便宜而糊里糊涂地进了监狱。如果说老板拖欠王某二人的工资是导致其二人犯罪的直接原因，那么王某二人的不懂法不守法则是导致他们走向犯罪道路的思想原因。周某也因不懂法不守法而进了监狱。所以这就要求我们每一个公民要学习法律常识，懂得基本的道德规范和法律规范。

本案中如果老板懂法，那么他就不会拖欠王某二人的工资；如果王某二人懂法，那么在老板拖欠工资的情况下，他们也可以通过正当途径来解决问题，比如到劳动仲裁部门告老板，正因为不懂法所以才铤而走险；如果开杂货铺的周某懂法，那么他也不会"平白无故"而因贪小便宜走进监狱。

学会控制自己的冲动

【案例】

吴某和周某是高中的同班同学，又是同一寝室的上下铺，但是由于种种原因，两人经常为一点小事而用讽刺的语言攻击对方，互不相让，彼此都不把对方放在眼里。一天，吴某的几个初中同学来找吴某玩，吴某正准备倒开水给他们喝时，发现其他几个同学的水壶都是空的，而只有周某水壶里面有水，由于学校打开水是规定了时间的，那时开水房没有开门，吴某就倒了周某水壶的水。

正在这时，周某刚从外面打篮球回来，他口渴难受，想喝水，当他打开水壶时发现水壶是空的，而他刚好又发现吴某和他的同学们都在端着开水喝。周某脸一沉，骂道："谁他妈的倒了我的开水啊？"吴某慌忙上前赔礼道歉："对不起，我同学来了，晚上我打一壶回来给你，好吗？"周某大怒："你同学来了要喝水，我同学来了怎么办啊，啊？"吴某被他给激火了，又因为有自己的同学在场，所以感觉不是滋味，他也提高嗓门："你他妈的不就是一杯水吗，有什么了不起的，想打架啊？"周某本就在火头上，听吴某这么挑逗自己，一气之下拿起桌子上的水果刀，朝吴某小腹捅了过去。吴某当时鲜血淋漓，倒在地上，在同学的抢救下，脱离了危险。周某因犯伤害罪而被判刑罚。

【法理分析】

近年来，从我国的司法实践来看，未成年人由各种琐事而发生的恶性案件不断上升，尤其是因一时冲动而引发的犯罪占有相当大的比例，本案即是其中一例。"激情犯罪"就其心理基础而言，主要是性格粗野，缺乏修养。

从生理机制的角度而言，主要是处在这一时期的未成年人由于认识活动范围小，交际面狭窄，对事物的辨别能力差，控制力弱，对自己的行为后果不能作出适当的判断，容易产生冲击性的犯罪行为。本案中吴某倒了周某开水，尽管吴某已经进行了赔礼道歉，可是周某情急之下还用刀刺伤了吴某，其主要原因是二人平时的矛盾积怨太深所致。长期以来的压抑顷刻之间火山一样地爆发。

我们应该怎样预防未成年人激情犯罪呢？首先，未成年人要学会控制好自己的情绪，提高个性修养。处于青春期的未成年人，经常会出现一些喜怒无常的情感波动，此时如果不调整和控制好自己的情绪，那么，冲动的时候做事情不分青红皂白也不考虑后果，走向犯罪是很容易的。一些思想偏激的人有强烈的报复和妒忌心理，他们一遇到外界的刺激，其心理极易发生恶性转化。事实上很多所谓的"身不由己"，关键还是自身的修养问题。

提高个人修养必须要培养冷静处理问题的习惯，如果产生怒气，就要马上把它克制住，控制在一定的范围之内。在怒气刚产生时，最好的办法就是强迫自己沉默，不要说话，这样有助于冷静思考；同时，在怒火中烧时，要学会考虑事情的后果，即先考虑一下自己的行为可能带来的危害，自己这样解决问题的方式是不是不可取，这样有助于自己的大脑从愤怒的激情情绪中拉回来，使头脑较为冷静、较为理智，避免做出后悔莫及的事情。

其次，学会应用自己的意志力，释放自己的愤怒情绪，控制不良情绪的产生。在激情即将发作时，要学会延长激情的发作时间，转移自身的注意力。或者给情绪一个合理宣泄的渠道，使情绪得到缓解，防止因一时的冲动而做出违法犯罪的事情。

保护篇

学习法律知识

【案例】

唐某与刘某有一个男孩唐某某，今年上初中。学校根据国家普法宣传的需要，制定了在校学生普法计划，并通知了学生家长，希望学生家长配合学校做好学生的法制教育工作。唐某某把学校给家长的通知带回了家里。

唐某见了学校的通知，不以为然地说："学什么法啊！法有个屁用。现在那些有权的、有钱的，有几个是靠守法上去的。有能耐的不守法，守法的没能耐。法就是用来吓唬那些没能耐的老百姓的。我一辈子老老实实、遵纪守法，到头来还不是一个穷工人。"

妻子在旁边责怪唐某："别把孩子教坏了！"

唐某随口反驳道："就是这么一回事。"唐某信口开河说出来的话，深深地印在了孩子的心里。

唐某某把父亲的话和社会上的一些不良现象联系起来，觉得父亲说得很有道理，要做一个有能耐、有出息的人，就不能老老实实、遵纪守法，胆子要大，敢想敢干，才能出人头地。在这种观念的左右下，唐某某在学校里便开始胆大妄为，经常把学校里的公物偷着拿回家里，像灯泡、粉笔等。

唐某见了，非但不批评教育孩子，还鼓励唐某，说他长能耐了，敢干，将来一定有出息。在父亲的鼓励下，唐某某得寸进尺，开始偷同学的东西，从书本、钢笔到同学的零花钱；最后，发展到偷老师收取的学生们交的资料费，金额达上千元。老师发现后，立即报了案。经过公安机关的侦查，最终确定是唐某某实施的盗窃行为。

在警察的盘问下，唐某某交代了盗窃经过。这件事震惊了学校。唐某某的父母知道这个消息后，后悔不迭，他们没有想到自己平时纵容孩子的小偷小摸行为，最终竟然铸成大错。鉴于唐某某尚未成年，依法不承担刑事责任，学校给予唐某某留校察看的处分。但唐某某已经无颜继续留在原来的学校读书，被迫转了学。

【法理分析】

《预防未成年人犯罪法》第10条规定："未成年人的父母或者其他监护人对未成年人的法制教育负有直接责任。学校在对学生进行预防犯罪教育时，应当将教育计划告知未成年人的父母或者其他监护人，未成年人的父母或者其他监护人应当结合学校的计划，针对具体情况进行教育。"

家庭教育是教育系统工程中的奠基石，是青少年健康成长的发源地。家庭教育的内容是多方面的，从现实情况看，加强家庭法制教育是每一个家长应当认真思考，并予以高度重视的一个课题。应该看到，在家庭教育中，对孩子进行有效的法制教育，让孩子学会遵守人生路上的"红绿灯"，对于孩子的健康成长，不仅是重要的，而且是必须的。

我们每一位家长都应当转变教育观念，充分认识法制教育在孩子成材中的重要作用。家庭教育作为一种特殊的教育形式，有着学校教育和社会教育所难以替代的作用。在目前家庭教育中，法制教育往往是一个被"遗忘的角落"。

据一项调查表明，有80％的少年犯家长从来没有考虑过自己的孩子会走上违法犯罪的道路，只有成为犯人家长时才发觉却什么都迟了。因此，我们每一个家长都应当切实转变思想，牢固确立依法育人的观念，本着对后代、对社会高度负责的态度，积极开展家庭法制教育，促使子女成为学法、懂法、守法、护法的新一代合格人才。现在许多家长在对未成年人的法制教育方面存在认识上的误区，他们对子女的不良行为无原则地姑息迁就，在子女违法犯罪之后包庇袒护；更有甚者，有的家长还教唆纵容子女违法犯罪。

现实生活中有这样的事例，某未成年人偷盗成性，用偷盗来的钱财大肆挥霍，而其父母非但不加管束，反而颇为得意。丧失了作为父母的基本职责，使得未成年人在危险的道路上越走越远，最终跌入万丈深渊。有的家长则忙于做生意，挣大钱，无时间、无精力管教孩子。有的家长常年奔波在外，把孩子草率地托付给他人照管。

缺乏有效照管的未成年人，没事就在外面游荡，极易被坏人教唆利用，走入歧途。有的家长虽然想管束孩子，但方法不当，管教孩子的唯一方法就是打骂，结果使孩子产生严重的对立情绪，有的干脆离家出走，许多未成年人都是由离家出走走上了犯罪道路。

诸如此类的事例还有很多，因家庭教育缺陷而导致违法犯罪的现象不在少数。因此，《预防未成年人犯罪法》规定："父母或者其他监护人对未成年人的法制教育负有直接责任。"这一规定无疑具有十分重要的现实意义。

在本案中，唐某某的父母正是忽视了对孩子进行法制教育的重要性，在观念上误导了孩子，将孩子引上了违法犯罪的道路，在孩子出现小偷小摸的不良行为之后，他们非但不严加管束，反而鼓励孩子的错误行为，最终酿成了大错，悔之晚矣。

因此，法制教育要从娃娃抓起，首先就要抓好对娃娃家长的教育。在这方面有几项工作可以做：

一是办好家长学校，提高家庭教育质量。通过这种途径，对家长进行必要的法制教育，使他们明确家庭法制教育的重要作用、主要内容和基本方法。

二是家长以身作则，给子女树立良好榜样。孩子生活在法律意识浓厚的氛围中，就是在潜移默化地接受法制教育。如果家长自身法制观念淡薄，常常要打一些法律、法规的"擦边球"，或者还有一些轻微的违规违法行为，那么孩子的法律意识也不可能增强，时间一长，法律、法规对其约束力在其观念中就会淡化。

三是做到"三个一致"，营造良好家庭氛围。一要父母教育一致。父母两人对孩子的教育方式不一致，父亲反对拒绝的事，母亲却支持袒护，这样会使教育影响互相抵消，还会使孩子无所适从，怀疑父母的权威性和正确性，使孩子利用家长的矛盾掩盖自己的缺点和错误，或者使孩子我行我素。二要前后教育一致。有些父母对孩子同一事件的教育，时间不同，教育不一致，时而这样说，时而那样说；高兴时这样说，不高兴时那样说，前后矛盾。这不仅不能起到教育的作用，还会让孩子憎恨父母，责怪父母说话不一。三要言传身教一致。做父母的应该懂得既要言传，更要身教。

曾经有人说过，孩子是看着父母"背后的形象"长大的。因此，作为家长，一言一行都要严格要求自己，以便孩子在任何时候、任何地点来观察自己"背后的形象"时都不会产生言行不一的印象。

家庭法制教育没有规范的场所课堂，没有一成不变的书本教材，生活就是课堂，生活就是教材。因此进行家庭法制教育，必须讲究方法，注重教育实效。在具体方法上，应侧重于以下三个结合：

一是家庭法制教育与培养良好习惯相结合。俗话说："三岁养成的习惯，六十岁也难改。"家庭法制教育要从小抓起，从小事抓起，这对孩子的健康成长是非常重要的。作为家长一定要细心观察孩子的日常表现，发现问题，及时严肃、认真地抓紧教育，做到防微杜渐。

二是家庭法制教育与道德教育相结合。违法犯罪与品德不良有密切关系，可以说品德不良是违法犯罪的"前奏"和"信号"。据有关部门统计，在犯罪学生中，有80%的人在校时属于"问题学生"。所以，家长要十分重视对孩子进行文明礼貌、尊老爱幼、诚实守信、与人为善、助人为乐等优秀品德的教育，从而约束和制止不文明、不道德、不守法的行为，培养孩子向上、向善、向美的优良品格。

三是家庭法制教育与学校教育相结合。家庭教育是学校教育的延伸，应与学校教育形成互补，只有家庭与学校相互配合，对孩子的教育才会产生"1＋1＞2"的效果。家长应与学校经常保持联系，了解孩子在校情况，从而配合学校抓好对子女的法制教育。

家庭教育在青少年成长中具有基础性的、特殊的、长久的地位和作用。良好的家庭教育，是每个孩子健康成长的至关重要的条件，每一个父母都要认真履行法定职责，积极实施家庭法制教育，努力让家庭成为子女健康成长的港湾。

预防结交损友

【案例】

王某、黄某都是十五六岁的未成年人，上初中，都是父母的乖孩子，听话的好学生。但自从交上了社会上的不良青年做朋友后，他们的学习成绩直线下降。

22 岁的朱某曾因犯盗窃罪被判处有期徒刑 2 年，刑满释放后朱某不思悔改，为贪图享乐，不劳而获又重新走上了犯罪道路。为找帮手，认识了黄某、王某。在他的诱导下，黄某二人产生了邪念，他们合伙在天桥下、地铁等地方，采用几个人围住一个学生进行威胁的手段，抢走了 14 岁的学生刘某手机、13 岁的学生何某的自行车，销赃挥霍。他们一次又一次地将犯罪之手伸向了无自我保护能力的未成年学生。在短短几个月的时间里，黄某参与抢劫 20 次，王某参与抢劫 15 次，最后法院以抢劫罪分别判处黄某、王某有期徒刑 4 年和 6 年。

【法理分析】

我国《刑法》17 条规定："已满 14 周岁不满 16 周岁的人，犯故意杀人、故意伤害致人重伤或者死亡、强奸、抢劫、贩卖毒品、放火、爆炸、投毒罪的，应当负刑事责任。"法律如此规定，是因为这一阶段的未成年人智力和体力有较大的发展，辨别和控制自己行为的能力有待增强；但另一方面，毕竟他们年龄尚小，对很多危害社会的行为缺乏足够的辨认能力。因此法律只规定他们对列举的这些性质严重的犯罪负刑事责任。本案中王某、黄某属于该年龄阶段应当负刑事责任的类型。因此应当依照有关法律规定承担刑事责任。

本案中王某、黄某因交友不慎重而导致最终走向犯罪的道路，这两名正值花季的孩子，原可以在明媚的阳光下、在父母身边、在学校里幸福地学习、生活着，仅仅因为交友不慎，自己又缺乏辨别善恶是非的能力，导致以身试法，成为了罪犯，教训是深刻的。这就提醒了我们大家特别是未成年人，交朋友时一定要慎重：不是只有仇人才会加害自己。

有时候，身边关系不错的熟人朋友在特殊的环境下，心灵也会受到扭曲，会干出·些让人们意想不到的疯狂之举。所以交友要注意他们的异常举动，关注他出现异常举动的原因和背景，如果不能帮助他们排解苦闷，就要保护好自己不受侵害，不要受他人的影响和唆使，本案中王某二人交友不谨慎而毁了自己的美好前程，望广大未成年人以此为鉴，珍惜今天的一切，好好学习和生活，做个诚实守法的公民。

远离淫秽读物

【案例】

吴某是云南省某镇高三年级学生，今年 17 岁。吴某家境贫穷，他家共有 9 口人，吴某是家中最小的一个，用他们当地的话说就是："皇帝疼长子，老百姓疼幺儿。"所以他从小就是在父母和哥哥、姐姐们的娇惯和溺爱中长大的。

由于家庭的拮据，使吴某从小就有个理想：一定要考上大学，将来要让父母过上好日子，自己一定要出名。因此，他下定决心发奋读书。在学校上课时他认真听讲，放学回家后就一直趴在桌上学习到深夜。随着时间的推移，再过两个月吴某就要参加高考了，吴某的学习成绩在班上一直都排列在前五名，而且和同学都相处得很好，如果在考场上发挥正常的话，考上重点大学应该是不成问题的。可是有谁会想到，就当别人在忙于奔赴高考战场时，吴某却因犯强奸罪、故意杀人罪而走上法庭。

当时，学校为了加强对高三年级的管理，要求所有高三学生都住校。吴某住进学校后，他们寝室的一男生经常看黄色小说，看完后就在寝室用淫秽语言大肆渲染，描绘那些色情露骨的情节。时间一长，吴某也控制不住自己，便找黄书来看。有一天晚上 11 点左右，吴某躺在床上看一本非常淫秽的黄色小说，书中的男女色情情节在他脑海里怎么也挥之不去。正处于青春发育期的他一时间难以自制，遂萌发强奸在外租房读培训班的黄某的念头。

吴某乘夜翻过学校围墙，来到黄某房子的后院，推开铝合金窗户发现屋内只睡一人，吴某赤足悄悄从后窗户钻入屋内，当他刚站到床边时，熟睡中的黄某被惊醒，大喊："快救命啊！有人抢劫啦！快救命啊⋯⋯"胆怯的吴某飞身扑上去，紧接着便是一阵厮打⋯⋯。恰在此时吴某听到有人敲门，而黄某又打开了灯，一时之间吴某吓得不知所措，于是便产生了杀人灭口的歹念，他拿起黄某桌上的水果刀，划向了黄某的右颈部。黄某被刀割断右颈部动脉，流血过多而死。

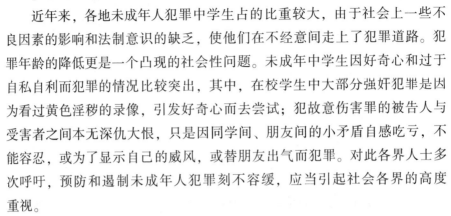

【法理分析】

近年来，各地未成年人犯罪中学生占的比重较大，由于社会上一些不良因素的影响和法制意识的缺乏，使他们在不经意间走上了犯罪道路。犯罪年龄的降低更是一个凸现的社会性问题。未成年中学生因好奇心和过于自私自利而犯罪的情况比较突出，其中，在校学生中大部分强奸犯罪是因为看过黄色淫秽的录像，引发好奇心而去尝试；犯故意伤害罪的被告人与受害者之间本无深仇大恨，只是因同学间、朋友间的小矛盾自感吃亏，不能容忍，或为了显示自己的威风，或替朋友出气而犯罪。对此各界人士多次呼吁，预防和遏制未成年人犯罪刻不容缓，应当引起社会各界的高度重视。

本案中处于吴某这种年龄的未成年人看过淫秽书籍后就会产生一种性幻想和性冲动，如果得不到释放和正确引导，这种性心理的冲动会使他们失去自控，就会不顾法律与道德的约束，从而走上犯罪的道路。吴某的犯罪，不仅给社会敲响了警钟，也警示了老师和家长，应该理解孩子的这种性心理，正确引导孩子了解健康的性科学知识。

正确对待孩子的性心理健康教育。本案中吴某对性知识一知半解，法制意识淡薄，被社会上流传的淫秽物品所毒害，是造成自身走上犯罪道路的原因。

《预防未成年人犯罪法》第30条规定："以未成年人为对象的出版物，不得含有预防未成年人违法犯罪的内容，不得含有渲染暴力、色情、赌博、恐怖活动等危害未成年人身心健康的内容。"因此，对社会上通过各种非法途径传播的淫秽物品，有关部门必须要坚决抵制，只有家长、学校和全社会为了未成年人的成长共同营造一个良好的环境，才能更好有效地预防未成年人犯罪。

预防和减少校园"黑帮"犯罪

【案例】

周某今年15岁，是某中学的初三学生。他平时学习成绩优异，人也很聪明。可是不久前，老师发现他开始抽烟、喝酒，经常穿奇怪衣服，头发染得黄黄的，还戴了耳环。班主任吴老师好心劝说他都不改，不久前老师还发现他和一帮青年打了一个低龄同学。后来，周某竟加入了社会上的"斧头帮"，他们在帮派中按年龄大小排"老大"、"老二"、"老三"……，把"相助、搞钱、找女性玩"作为结帮目的。不久，他们在一次结伙抢劫中被公安机关抓获。

【法理分析】

近年来，未成年人结帮犯罪现象呈上升势头。加入黑帮犯罪的未成年人，一般是 18 岁以下的在校学生。

未成年人模仿黑社会犯罪的原因有着特殊的生理、心理因素。由于未成年人处于从幼稚到成熟的发展时期，这个时期由于思维的独立性和批判性不成熟，他们的很多行为有挑战传统道德的因素，如本案中的周某抽烟、喝酒、染发、戴耳环的行为，这些都是学校所不允许的。近年来，黑帮势力有所抬头，对未成年人有很大影响。他们模仿黑社会犯罪很多是受"江湖义气"的影响，讲"哥们义气"往往是他们结伙的原因。此外，家庭教育的偏差和不良的家庭环境以及社会环境的消极影响，都是引发未成年人犯罪的原因。

如何预防、减少未成年人学生模仿黑帮犯罪？有以下几点建议：

一、要准确把握未成年人的心理特点。处于这一时期的未成年人，正是身体成长发育的旺盛时期，他们的外表与成年人差距不大，具备了成年人违法犯罪的身体条件，但是这一时期他们的心理却不成熟，遇事易冲动，对事物不能正确分析，带有明显的幼稚性，生理和心理上的不同步导致他们缺乏有效的自我控制能力。

二、学校要把应试教育改为素质教育，把法制教育作为对学生的素质教育的一个重要内容，营造一个学法、知法、守法、用法的氛围，改变片面追求升学率的做法，不要把差生推向犯罪的边缘。一方面要切实培养和加强教师的责任心、使命感，另一方面要坚决维护教师的合法权益。教育不是万能的。对于学生中个别屡教不改的"害群之马"，该处分的要处分，该送工读学校的要送工读学校。在公安部门警力有限、不可能 24 小时维护校园治安的情况下，学校可以根据需要组织校卫队，维护校园治安，保证学生就学安全。

三、充分发挥家庭预防的特殊作用。家庭教育是素质教育的基础，是培养子女人生观、价值观的源头，所以家长应当给孩子灌输基本的心理学知识和法律知识，对孩子的不良行为和不良心理迹象及时矫治。家长要努力为孩子的健康成长创造一个良好的家庭氛围，要加强自身修养，努力学习科学教育方法，言传身教，以自身的榜样力量感染和熏陶孩子，帮助他们树立起积极、健康、向上的人生志向，远离不良行为，远离校园暴力。与此同时，家长要充分理解学校教育的局限和苦衷，要积极主动地支持、配合正常的学校教育工作。即使与学校教育工作出现分歧，也应加强沟通，通过正常的、理性的渠道求得解决，切不可对"校园暴力"推波助澜。

四、有关部门要对加强未成年人的法制教育承担责任。加大普法力度，尤其是要宣传《未成年人保护法》、《预防未成年人犯罪法》。尤其是报纸、媒体、广播、电视等新闻媒介，要自觉地把对未成年人传播法律知识当做自己应尽的责任。同时公安部门也有维护社会治安的法定职责，积极协同学校、家长，进一步加大对校园内外治安案件的查处打击力度，还孩子们一个无忧无虑、健康成长的学习环境，还校园一方净土。

根据心理特征预防犯罪

【案例】

袁某今年 14 岁，某镇中学初二年级学生。袁某不求上进，平时也不爱学习，考试经常不及格。他喜欢上网，看港台充满暴力、色情的片子，他觉得很过瘾，也很刺激，便模仿电视中拉帮结派的情节结交了很多朋友，他还在社会上认识了一个"大哥"作为他的靠山。渐渐地，他经常和几个调皮捣蛋的同学作弄他人，而且经常向那些低年级的同学索要钱财，当别人不给他东西时，他就叫上他的朋友对对方大打出手。他看到别人有手机，心理就不平衡，看到有的同学有女朋友，也感到不是滋味。

2004 年 5 月 13 日，他又对别人大打出手，结果把对方打得遍体鳞伤，原因是那个人打了他的一个"哥们"。对此班主任老师多次教育他，父母也经常批评他，可他还是我行我素，为所欲为，袁某的父母心急如焚又束手无策，对他彻底失去了信心。最近，袁某在一次与同学的打架斗殴中打死了对方，袁某也因此而走上犯罪的道路。

【法理分析】

在袁某实施不良行为时，家庭、学校和社会都没有对其进行很好的预防，当他的行为发展到严重不良行为的时候，没有得到很好的矫治，最后，家长和老师都拿他没办法，他终于在一次打架斗殴中杀死对方而走上犯罪的道路。在现实生活中，像袁某这样走上违法犯罪道路的未成年人还有很多。那么，对于像袁某这样的未成年人，是什么原因导致他们屡教不改而尽是干一些违法乱纪的事呢？难道像袁某这样的孩子真的"无药可救"吗？在这里，我们先从未成年人的心理特征和犯罪心理的角度进行分析，然后再根据心理特征剖析未成年人的犯罪预防心理。

一、未成年人在少年时期的心理要素主要有以下特征：

1. 情感方面。未成年人易激动、情感热烈但是又不稳定，极易感情用事，极易产生激情而难以控制。在这一时期，如果引导得当，他们就会积极上进、见义勇为、公而忘私。否则，可能轻举妄动、违法乱纪，进而走向犯罪。

2. 性意识方面。逐渐成熟的性意识，导致未成年人开始关注异性、爱慕异性，对性产生好奇心和新颖感。在这一时期，如果不加强性德教育、性知识教育和法制教育，他们就会容易接受不良因素的刺激，如淫秽书画、色情电影等不良影响，就可能在神秘感、好奇心的驱使下盲目追求异性的刺激，从而走上性犯罪的道路。

3. 自我意识方面。他们渴望独立，喜欢被别人重视，喜欢独立思考。随着年龄的增长，这一时期的未成年人自我意识越来越强，他们希望摆脱家庭和学校的束缚，喜欢独立自主。这种心理如果引导不当，孩子有可能与他人对立、与社会现实对立，最终走向犯罪。

二、以下几种心理在少年犯罪中比较常见：

1. 好奇心理。好奇，是未成年人的天性。但由于他们的社会阅历浅，判断是非的能力差，在缺乏良性诱导的情况下，容易随心所欲，误入歧途。由于好奇心理引发的犯罪类型主要是：吸毒、色情、暴力、网络等。

2. 逆反心理。从生理学的角度讲，未成年人正处于逆反心理强烈时期。

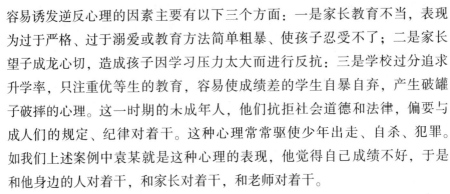

容易诱发逆反心理的因素主要有以下三个方面：一是家长教育不当，表现为过于严格、过于溺爱或教育方法简单粗暴、使孩子忍受不了；二是家长望子成龙心切，造成孩子因学习压力太大而进行反抗；三是学校过分追求升学率，只注重优等生的教育，容易使成绩差的学生自暴自弃，产生破罐子破摔的心理。这一时期的未成年人，他们抗拒社会道德和法律，偏要与成人们的规定、纪律对着干。这种心理常常驱使少年出走、自杀、犯罪。如我们上述案例中袁某就是这种心理的表现，他觉得自己成绩不好，于是和他身边的人对着干，和家长对着干，和老师对着干。

4. 报复心理。未成年人心态不稳，控制力不强，报复情绪浓，受到一些委屈无法承受，遇到一些事情易生妒恨，继而进行报复，使自己的行为超越了法律和道德的范畴，当本人或要好同学受到侵害，不是寻求法律途径解决，而是以暴对暴，伤人、杀人而犯罪。上述案例中，袁某的一个"哥们"被他人打了一顿，袁某便对对方大打出手，就是因为袁某有强烈的报复心理。还有这么一个案例，有个中学女生与男生发生冲突，男生给了她一巴掌。一气之下，她冲回家拿起菜刀，回到学校砍了那个男生两刀。这就是强烈的报复心理使她失去了理智。

5. 攀比心理。一些未成年人攀比物质、贪慕虚荣、讲究吃穿、好逸恶劳、追求享受。由于攀比心理的存在，导致很多未成年人盗窃、抢劫、敲诈勒索等财产犯罪。上述案例中，袁某看到别人有手机他心理不平衡，结果导致他向别人索要财物和抢劫；看到别人有女朋友，他心里不是滋味。这些都是因为他有着盲目的攀比心理。

6. 冲动心理。主要表现为遇事不冷静，很少或者不考虑事情的后果，如上述袁某的很多行为都是很少考虑后果的，自己的"哥们"被打，他立即大打出手，结果把对方打得遍体鳞伤，而后又在与同学的打架斗殴中杀死别人，这些都是袁某因为冲动而很少考虑后果的表现。

7. 利己心理。这也是少年犯罪中较常见的一种心态，尤其在独生子女犯罪中，更为常见。不少独生子女备受娇宠，唯我独尊，占有欲十分强烈，如果不能得到满足，就会用犯罪的手段来获得所需之物。上述案例中，袁某索要财物、抢劫等所作所为都是出于为自己考虑的。

8. 盲从心理。这主要表现在某些共同犯罪中，一部分未成年人完全是在主犯的教唆、诱导、胁迫下，盲目地服从，在不知不觉中涉足犯罪。还有一部分未成年人则盲目效仿武侠小说、武打影片中帮派活动的形式，结伙进行犯罪活动。上述案例中，袁某在社会上认识了一个"大哥"，而后是模仿影视中的情节拉帮结派，这就是袁某盲从心理的表现。

那么，怎样才能掌握未成年人心理的动向而对未成年人犯罪加以预防呢？

首先，我们要明白未成年人违法犯罪的几种情形，而这些情形的发生都是有一个过程的：从未成年人实施的行为来说，通常是从不良行为发展到严重不良行为，从严重不良行为发展到违法犯罪；从未成年人自身来说，由"单差生"发展到思想品德和功课都差的"双差生"，进而结帮逃学，发展成违法犯罪行为；从冒险、游乐到离家出走、侵犯他人权益到违法犯罪；从娇生惯养到"称王称霸"乃至行凶打人；从被歧视、虐待到行凶报复，或被遗弃而流落街头，被坏人教唆而犯罪；从小偷小摸发展到盗窃抢劫；模仿影视里的暴力和色情镜头，从好奇到偷尝禁果而违法犯罪；等等。

三、预防未成年人犯罪主要通过以下两个方面可以解决：

1. 加强交流，重视情感教育。这主要体现在父母或者未成年人的其他监护人、老师等责任方面，父母、未成年人的其他监护人、老师等应当加强与未成年人的交流，这种交流应该是朋友式的平等交谈，而不是居高临下的训斥。有的家长一发现孩子有什么不良言行，就大骂出口，大打出手，根本不听孩子解释，不给孩子说话的机会。这种做法很可能使孩子产生逆反心理，干脆"破罐子破摔"，逐渐滑向犯罪的深渊。如果家长能够做孩子的朋友，心平气和地与孩子沟通、交流，或许会避免许多不该发生的人生悲剧。

与未成年人之间的交流是一项富有科学性和细致性的工作。在孩子出现一些不良苗头时，教师、家长应及时找其谈心，从谈话中了解孩子心里想些什么，从而有针对性地采取措施。在此提醒我们的家长或者未成年人的监护人、老师应当注意：打骂孩子并不能解决问题，棍棒教育只会适得其反。尤其是提醒那些只重自己事业的父母和只重升学率的老师，千万别忘了与未成年人加强交流和对未成年人进行情感道德教育。

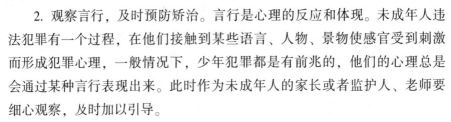

2. 观察言行，及时预防矫治。言行是心理的反应和体现。未成年人违法犯罪有一个过程，在他们接触到某些语言、人物、景物使感官受到刺激而形成犯罪心理，一般情况下，少年犯罪都是有前兆的，他们的心理总是会通过某种言行表现出来。此时作为未成年人的家长或者监护人、老师要细心观察，及时加以引导。

孩子如有以下不良言行出现，要及时加以预防和矫治。例如，有的少年突然变得厌倦学习，不遵守纪律，追求奇装异服；有的少年则染上了喝酒、抽烟等恶习，人际关系紧张，经常打架斗殴，有的大吃大喝，出入娱乐场所，或大把花钱，或谈情说爱，或看淫秽录像，或接触毒品等违禁物品，或平时生性活泼而突然变得寡言少语，等等，家长或者未成年人的其他监护人、老师就应高度重视。

因为未成年人的上述举动往往是出于未成年人各种心理的反应。可是这种行为的变化到违法犯罪的产生毕竟还有一个过渡期，这时候如果教育引导得当，预防矫治得当，让孩子明辨是非，懂得一些基本的道德规范与法律规范，让孩子逐渐从不懂事变得懂事，就能从根本上阻止孩子违法犯罪行为的产生。

附录（相关法律文件）

《中华人民共和国治安管理处罚条例》

（1986 年 9 月 5 日第六届全国人民代表大会常务委员会第十七次会议通过；根据 1994 年 5 月 12 日第八届全国人民代表大会常务委员会第七次会议《关于修改 < 中华人民共和国治安管理处罚条例 > 的决定》修正）

第一章　总　则

第一条　为加强治安管理，维护社会秩序和公共安全，保护公民的合法权益，保障社会主义现代化建设的顺利进行，制定本条例。

第二条　扰乱社会秩序，妨害公共安全，侵犯公民人身权利，侵犯公私财产，依照《中华人民共和国刑法》的规定构成犯罪的，依法追究刑事责任；尚不够刑事处罚，应当给予治安管理处罚的，依照本条例处罚。

第三条　在中华人民共和国领域内发生的违反治安管理行为，除法律有特别规定的以外，适用本条例。在中华人民共和国船舶或者航空器内发生的违反治安管理行为，也适用本条例。

第四条　公安机关对违反治安管理的人，坚持教育与处罚相结合的原则。

第五条　对于因民间纠纷引起的打架斗殴或者损毁他人财物等违反治安管理行为，情节轻微的，公安机关可以调解处理。

第二章　处罚的种类和运用

第六条　对违反治安管理行为的处罚分为下列

（一）警告。

（二）罚款：1 元以上，200 元以下。本条例第三十条、第三十一条、第三十二条另有规定的，依照规定。

（三）拘留：1 日以上，15 日以下。

第七条　违反治安管理所得的财物和查获的违禁品，依照规定退回原主或者没收。违反治安管理使用的本人所有的工具，可以依照规定没收。具体办法由公安部另行规定。

第八条　违反治安管理造成的损失或者伤害，由违反治安管理的人赔偿损失或者负担医疗费用；如果违反治安管理的人是无行为能力人或者限制行为能力人，本人无力赔偿或者负担的，由其监护人依法负责赔偿或者负担。

第九条　已满 14 岁不满 18 岁的人违反治安管理的，从轻处罚；不满 14 岁的人违反治安管理的，免予处罚，但是可以予以训诫，并责令其监护人严加管教。

第十条　精神病人在不能辨认或者不能控制自己行为的时候违反治安管理的，不予处罚，但是应当责令其监护人严加看管和治疗。间歇性的精神病人在精神正常的时候违反治安管理的，应予处罚。

第十一条　又聋又哑的人或者盲人，由于生理缺陷的原因而违反治安管理的，不予处罚。

第十二条　醉酒的人违反治安管理的，应予处罚。

醉酒的人在醉酒状态中，对本人有危险或者对他人的安全有威胁的，应当将其约束到酒醒。

第十三条　一人有两种以上违反治安管理行为的，分别裁决，合并执行。

第十四条　二人以上共同违反治安管理的，根据情节轻重，分别处罚。

教唆或者胁迫、诱骗他人违反治安管理的，按照其所教唆、胁迫、诱骗的行为处罚。

机关、团体、企业、事业单位违反治安管理的，处罚直接员指使的，同时处罚该主管人员。

管理有下列情形之一的，可以从轻或者免予处罚：

（一）情节特别轻微的；

（二）主动承认错误及时改正的；

（三）由于他人胁迫或诱骗的。

第十七条　违反治安管理有下列情形之一的，可以从重处罚：

（一）有较严重后果的；

（二）胁迫、诱骗他人或者教唆不满18岁的人违反治安管理的；

（三）对检举人、证人打击报复的；

（四）屡犯不改的。

第十八条　违反治安管理行为在6个月内公安机关没有发现的，不再处罚。

前款期限从违反治安管理行为发生之日起计算，违反治安管理行为有连续或者继续状态的，从行为终了之日起计算。

第三章　违反治安管理行为和处罚

第十九条　有下列扰乱公共秩序行为之一，尚不够刑事处罚的，处15日以下拘留、200元以下罚款或者警告：

（一）扰乱机关、团体、企业、事业单位的秩序，致使工作、生产、营业、医疗、教学、科研不能正常进行，尚未造成严重损失的；

（二）扰乱车站、码头、民用航空站、市场、商场、公园、影剧院、娱乐场、运动场、展览馆或者其他公共场所的秩序的；

（三）扰乱公共汽车、电车、火车、船只等公共交通工具上的秩序的；

（四）结伙斗殴，寻衅滋事，侮辱妇女或者进行其他流氓活动的；

（五）捏造或者歪曲事实、故意散布谣言或者以其他方法煽动扰乱社会秩序的；

（六）谎报险情，制造混乱的；

（七）拒绝、阻碍国家工作人员依法执行职务，未使用暴力、威胁方法的。

第二十条　有下列妨害公共安全行为之一的，处15日以下拘留、200元以下罚款或者警告：

（一）非法携带、存放枪支、弹药或者有其他违反枪支管理规定行为，

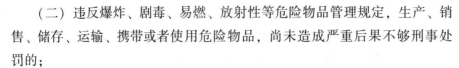

尚不够刑事处罚的；

（二）违反爆炸、剧毒、易燃、放射性等危险物品管理规定，生产、销售、储存、运输、携带或者使用危险物品，尚未造成严重后果不够刑事处罚的；

（三）非法制造、贩卖、携带匕首、三棱刀、弹簧刀或者其他管制刀具的；

（四）经营旅馆、饭店、影剧院、娱乐场、运动场、展览馆或者其他供群众聚集的场所，违反安全规定，经公安机关通知不加改正的；

（五）组织群众集会或者文化、娱乐、体育、展览、展销等群众性活动，不采取相应的安全措施，经公安机关通知不加改正的；

（六）违反渡船、渡口安全规定，经公安机关通知不加改正的；

（七）不听劝阻抢登渡船，造成渡船超载或者强迫渡船驾驶员违反安全规定，冒险航行，尚不够刑事处罚的；

（八）在铁路、公路、水域航道、堤坝上，挖掘坑穴，放置障碍物，损毁、移动指示标志，可能影响交通运输安全，尚不够刑事处罚的。

第二十一条　有下列妨害公共安全行为之一的，处 200 元以下罚款或者警告：

（一）设置、使用民用射击场，不符合安全规定的；

（二）未经批准，安装、使用电网的，或者安装、使用电网不符合安全规定，尚未造成严重后果的；

（三）在车辆、行人通行的地方施工，对沟井坎穴不设覆盖物、标志、防围的，或者故意损毁、移动覆盖物、标志、防围的。

第二十二条　有下列侵犯他人人身权利行为之一，尚不够刑事处罚的，处 15 日以下拘留、200 元以下罚款或者警告：

（一）殴打他人，造成轻微伤害的；

（二）非法限制他人人身自由或者非法侵入他人住宅的；

（三）公然侮辱他人或者捏造事实诽谤他人的；

（四）虐待家庭成员，受虐待人要求处理的；

（五）写恐吓信或者用其他方法威胁他人安全或者干扰他人正常生活的；

（六）胁迫或者诱骗不满 18 岁的人表演恐怖、残忍节目，摧残其身心健康的；

（七）隐匿、毁弃或者私自开拆他人邮件、电报的。

第二十三条　有下列侵犯公私财物行为之一，尚不够刑事处罚的，处 15 日以下拘留或者警告，可以单处或者并处 200 元以下罚款：

（一）偷窃、骗取、抢夺少量公私财物的；

（二）哄抢国家、集体、个人财物的；

（三）敲诈勒索公私财物的；

（四）故意损坏公私财物的。

第二十四条　有下列妨害社会管理秩序行为之一的，处 15 日以下拘留、200 元以下罚款或者警告：

（一）明知是赃物而窝藏、销毁、转移，尚不够刑事处罚的，或者明知是赃物而购买的；

（二）倒卖车票、船票、文艺演出或者体育比赛入场票券及其他票证，尚不够刑事处罚的；

（三）违反政府禁令，吸食鸦片、注射吗啡等毒品的；

（四）利用会道门、封建迷信活动，扰乱社会秩序、危害公共利益、损害他人身体健康或者骗取财物，尚不够刑事处罚的；

（五）偷开他人机动车辆的；

（六）违反社会团体登记管理规定，未经注册登记以社会团体名义进行活动，或者被撤销登记、明令解散、取缔后，仍以原社会团体名义进行活动，尚不够刑事处罚的；

（七）被依法执行管制、剥夺政治权利或者在缓刑、假释、保外就医和其他监外执行中的罪犯，或者被依法采取刑事强制措施的人，有违反法律、行政法规和国务院公安部门有关监督管理规定的行为，尚未构成新的犯罪的；

（八）冒充国家工作人员进行招摇撞骗，尚不够刑事处罚的。

第二十五条　妨害社会管理秩序，有下列第一项至第三项行为之一的，处 200 元以下罚款或者警告；有第四项至第七项行为之一的，处 50 元以下罚款或者警告：

（一）在地下、内水、领海及其他场所中发现文物隐匿不报，不上交国家的；

（二）刻字业承制公章违反管理规定，尚未造成严重后果的；

（三）故意污损国家保护的文物、名胜古迹，损毁公共场所雕塑，尚不够刑事处罚的；

（四）故意损毁或者擅自移动路牌、交通标志的；

（五）故意损毁路灯、邮筒、公用电话或者其他公用设施，尚不够刑事处罚的；

（六）违反规定，破坏草坪、花卉、树木的；

（七）违反规定，在城镇使用音响器材，音量过大，影响周围居民的工作或者休息，不听制止的。

第二十六条　违反消防管理，有下列第一项至第四项行为之一的，处10日以下拘留、100元以下罚款或者警告；有第五项至第八项行为之一的，处100元以下罚款或者警告：

（一）在有易燃易爆物品的地方，违反禁令，吸烟、使用明火的；

（二）故意阻碍消防车、消防艇通行或者扰乱火灾现场秩序，尚不够刑事处罚的；

（三）拒不执行火场指挥员指挥，影响灭火救灾的；

（四）过失引起火灾，尚未造成严重损失的；

（五）指使或者强令他人违反消防安全规定，冒险作业，尚未造成严重后果的；

（六）违反消防安全规定，占用防火间距，或者搭棚、盖房、挖沟、砌墙堵塞消防车通道的；

（七）埋压、圈占或者损毁消火栓、水泵、水塔、蓄水池等消防设施或者将消防器材、设备挪作他用，经公安机关通知不加改正的；

（八）有重大火灾隐患，经公安机关通知不加改正的。

第二十七条　违反交通管理，有下列第一项至第六项行为之一的，处15日以下拘留、200元以下罚款或者警告；有第七项至第十一项行为之一的，处50元以下罚款或者警告：

（一）挪用、转借机动车辆牌证或者驾驶证的；

（二）无驾驶证的人、醉酒的人驾驶机动车辆，或者把机动车辆交给无驾驶证的人驾驶的；

（三）在城市集会、游行，违反有关规定妨碍交通，不听民警指挥的；

（四）无理拦截车辆或者强行登车影响车辆正常运行，不听劝阻的；

（五）在县级以上公安机关明令禁止通行的地区，强行通行，不听公安人员劝阻的；

（六）违反交通规则，造成交通事故，尚不够刑事处罚的；

（七）驾驶未经交通管理部门检验和批准行驶的机动车辆的；

（八）驾驶机件不合安全要求的机动车辆的；

（九）饮酒后驾驶机动车辆的；

（十）指使、强迫车辆驾驶人员违反交通规则的；

（十一）未经主管部门批准，在街道上搭棚、盖房、摆摊、堆物或者有其他妨碍交通行为的。

第二十八条　有下列违反交通管理行为之一的，处 5 元以下罚款或者警告：

（一）驾驶机动车违反装载、车速规定或者违反交通标志、信号指示的；

（二）非机动车驾驶人员或者行人违反交通规则的；

（三）在交通管理部门明令禁止停放车辆的地方停放车辆的；

（四）在机动车辆上非法安装、使用特殊音响警报器或者标志灯具的。

第二十九条　违反户口或者居民身份证管理，有下列第一项至第三项行为之一的，处 50 元以下罚款或者警告；有第四项或者第五项行为的，处 100 元以下罚款或者警告：

（一）不按规定申报户口或者申领居民身份证，经公安机关通知拒不改正的；

（二）假报户口或者冒用他人户口证件、居民身份证的；

（三）故意涂改户口证件的；

（四）旅店管理人员对住宿的旅客不按照规定登记的；

（五）出租房屋或者床铺供人住宿，不按照规定申报登记住宿人户口的。

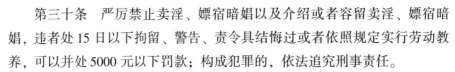

第三十条　严厉禁止卖淫、嫖宿暗娼以及介绍或者容留卖淫、嫖宿暗娼，违者处 15 日以下拘留、警告、责令具结悔过或者依照规定实行劳动教养，可以并处 5000 元以下罚款；构成犯罪的，依法追究刑事责任。

嫖宿不满 14 岁幼女的，依照刑法第一百三十九条的规定，以强奸罪论处。

第三十一条　严厉禁止违反政府规定种植罂粟等毒品原植物，违者除铲除其所种罂粟等毒品原植物以外，处 15 日以下拘留，可以单处或者并处 3000 元以下罚款；构成犯罪的，依法追究刑事责任。

非法运输、买卖、存放、使用罂粟壳的，收缴其非法运输、买卖、存放、使用的罂粟壳，处 15 日以下拘留，可以单处或者并处 3000 元以下罚款；构成犯罪的，依法追究刑事责任。

第三十二条　严厉禁止下列行为：

（一）赌博或者为赌博提供条件的；

（二）制作、复制、出售、出租或者传播淫书、淫画、淫秽录像或者其他淫秽物品的。

有上述行为之一的，处 15 日以下拘留，可以单处或者并处 3000 元以下罚款；或者依照规定实行劳动教养；构成犯罪的，依法追究刑事责任。

第四章　裁决与执行

第三十三条　对违反治安管理行为的处罚，由县、市公安局、公安分局或者相当于县一级的公安机关裁决。

警告、50 元以下罚款，可以由公安派出所裁决；在农村，没有公安派出所的地方，可以由公安机关委托乡（镇）人民政府裁决。

第三十四条　对违反治安管理的人处警告或者 50 元以下罚款的，或者罚款数额超过 50 元，被处罚人没有异议，可以由公安人员当场处罚。

对违反治安管理的人的其他处罚，适用下列程序：

（一）传唤。公安机关对违反治安管理的人，需要传唤的，使用传唤证。对于当场发现的违反治安管理的人，可以口头传唤。对无正当理由不接受传唤或者逃避传唤的，公安机关可以强制传唤。

（二）讯问。违反治安管理的人，应当如实回答公安机关的讯问。讯问应当作出笔录；被讯问人经核对认为无误后，应当在笔录上签名或者盖章，讯问人也应当在笔录上签名。

（三）取证。公安机关搜集证据材料时，有关单位和公民应当积极予以支持和协助。询问证人时，证人应当如实反映情况，询问应当作出笔录。证人经核对认为无误后，应当在笔录上签名或者盖章。

（四）裁决。经讯问查证，违反治安管理行为事实清楚，证据确凿的，依照本条例的有关条款裁决。

裁决应当填写裁决书，并应立即向本人宣布。裁决书一式三份。一份交给被裁决人，一份交给被裁决人的所在单位，一份交给被裁决人的常住地公安派出所。单位和常住地公安派出所应当协助执行裁决。

（五）对违反治安管理的人，公安机关传唤后应当及时讯问查证。对情况复杂，依照本条例规定适用拘留处罚的，讯问查证的时间不得超过24小时。

第三十五条　受拘留处罚的人应当在限定的时间内，到指定的拘留所接受处罚。对抗拒执行的，强制执行。

在拘留期间，被拘留人的伙食费由自己负担。

第三十六条　受罚款处罚的人应当将罚款当场交公安人员或者在接到罚款通知或者裁决书后5日内送交指定的公安机关。无正当理由逾期不交纳的，可以按日增加罚款1元至5元。拒绝交纳罚款的，可以处15日以下拘留，罚款仍应执行。

公安机关或者公安人员收到罚款后，应当给被罚款人开具罚款收据。

罚款全部上交国库。

第三十七条　裁决机关没收财物，应当给被没收人开具收据。

没收的财物全部上交国库。属偷窃、抢夺、骗取或者敲诈勒索他人的，除违禁品外，6个月内查明原主的，依法退还原主。

第三十八条　被裁决赔偿损失或者负担医疗费用的，应当在接到裁决书后5日内将费用交裁决机关代转；数额较大的，可以分期交纳。拒不交纳的，由裁决机关通知其所在单位从本人工资中扣除，或者扣押财物折抵。

第三十九条　被裁决受治安管理处罚的人或者被侵害人不服公安机关

或者乡（镇）人民政府裁决的，在接到通知后 5 日内，可以向上一级公安机关提出申诉，由上一级公安机关在接到申诉后 5 日内作出裁决；不服上一级公安机关裁决的，可以在接到通知后 5 日内向当地人民法院提起诉讼。

第四十条　对治安管理处罚提出申诉或者提起诉讼的，在申诉和诉讼期间原裁决继续执行。

被裁决拘留的人或者他的家属能够找到担保人或者按照规定交纳保证金的，在申诉和诉讼期间，原裁决暂缓执行。裁决被撤销或者开始执行时，依照规定退还保证金。

第四十一条　公安人员在执行本条例时，应当严格遵守法纪，秉公执法，不得徇私舞弊。禁止对违反治安管理的人打骂、虐待或者侮辱。违反的给予行政处分；构成犯罪的，依法追究刑事责任。

第四十二条　公安机关对公民给予的治安管理处罚错误的，应当向受处罚人承认错误，退回罚款及没收的财物；对受处罚人的合法权益造成损害的，应当赔偿损失。

第五章　附　则

第四十三条　本条例所说以上、以下、以内，都包括本数在内。

第四十四条　对违反交通管理行为处罚的实施办法，由国务院另行制定。

第四十五条　本条例自 1987 年 1 月 1 日起施行。1957 年 10 月 22 日公布的《中华人民共和国治安管理处罚条例》同时废止。

《中华人民共和国预防未成年人犯罪法》

（1999 年 6 月 28 日第九届全国人民代表大会常务委员会第十次会议通过；1999 年 6 月 28 日中华人民共和国主席令第 17 号公布，自 1999 年 11 月 1 日起施行）

第一章　总　则

第一条　为了保障未成年人身心健康，培养未成年人良好品行，有效地预防未成年人犯罪，制定本法。

第二条　预防未成年人犯罪，立足于教育和保护，从小抓起，对未成年人的不良行为及时进行预防和矫治。

第三条　预防未成年人犯罪，在各级人民政府组织领导下，实行综合治理。

政府有关部门、司法机关、人民团体、有关社会团体、学校、家庭、城市居民委员会、农村村民委员会等各方面共同参与，各负其责，做好预防未成年人犯罪工作，为未成年人身心健康发展创造良好的社会环境。

第四条　各级人民政府在预防未成年人犯罪方面的职责是：

（一）制定预防未成年人犯罪工作的规划；

（二）组织、协调公安、教育、文化、新闻出版、广播电影电视、工商、民政、司法行政等政府有关部门和其他社会组织进行预防未成年人犯罪工作；

（三）对本法实施的情况和工作规划的执行情况进行检查；

（四）总结、推广预防未成年人犯罪工作的经验，树立、表彰先进典型。

第五条　预防未成年人犯罪，应当结合未成年人不同年龄的生理、心理特点，加强青春期教育、心理矫治和预防犯罪对策的研究。

第二章　预防未成年人犯罪的教育

第六条　对未成年人应当加强理想、道德、法制和爱国主义、集体主义、社会主义教育。对于达到义务教育年龄的未成年人，在进行上述教育的同时，应当进行预防犯罪的教育。

预防未成年人犯罪的教育的目的，是增强未成年人的法制观念，使未成年人懂得违法和犯罪行为对个人、家庭、社会造成的危害，违法和犯罪行为应当承担的法律责任，树立遵纪守法和防范违法犯罪的意识。

第七条　教育行政部门、学校应当将预防犯罪的教育作为法制教育的内容纳入学校教育教学计划，结合常见多发的未成年人犯罪，对不同年龄的未成年人进行有针对性的预防犯罪教育。

第八条　司法行政部门、教育行政部门、共产主义青年团、少年先锋队应当结合实际，组织、举办展览会、报告会、演讲会等多种形式的预防未成年人犯罪的法制宣传活动。

学校应当结合实际举办以预防未成年人犯罪的教育为主要内容的活动。教育行政部门应当将预防未成年人犯罪教育的工作效果作为考核学校工作的一项重要内容。

第九条　学校应当聘任从事法制教育的专职或者兼职教师。学校根据条件可以聘请校外法律辅导员。

第十条　未成年人的父母或者其他监护人对未成年人的法制教育负有直接责任。学校在对学生进行预防犯罪教育时，应当将教育计划告知未成年人的父母或者其他监护人，未成年人的父母或者其他监护人应当结合学校的计划，针对具体情况进行教育。

第十一条　少年宫、青少年活动中心等校外活动场所应当把预防未成年人犯罪的教育作为一项重要的工作内容，开展多种形式的宣传教育活动。

第十二条　对于已满16周岁不满18周岁准备就业的未成年人，职业教育培训机构、用人单位应当将法律知识和预防犯罪教育纳入职业培训的内容。

第十三条　城市居民委员会、农村村民委员会应当积极开展有针对性的预防未成年人犯罪的法制宣传活动。

第三章　对未成年人不良行为的预防

第十四条　未成年人的父母或者其他监护人和学校应当教育未成年人不得有下列不良行为：

（一）旷课、夜不归宿；

（二）携带管制刀具；

（三）打架斗殴、辱骂他人；

（四）强行向他人索要财物；

（五）偷窃、故意毁坏财物；

（六）参与赌博或者变相赌博；

（七）观看、收听色情、淫秽的音像制品、读物等；

（八）进入法律、法规规定未成年人不适宜进入的营业性歌舞厅等场所；

（九）其他严重违背社会公德的不良行为。

第十五条　未成年人的父母或者其他监护人和学校应当教育未成年人不得吸烟、酗酒。任何经营场所不得向未成年人出售烟酒。

第十六条　中小学生旷课的，学校应当及时与其父母或者其他监护人取得联系。

未成年人擅自外出夜不归宿的，其父母或者其他监护人、其所在的寄宿制学校应当及时查找，或者向公安机关请求帮助。收留夜不归宿的未成年人的，应当征得其父母或者其他监护人的同意，或者在 24 小时内及时通知其父母或者其他监护人、所在学校或者及时向公安机关报告。

第十七条　未成年人的父母或者其他监护人和学校发现未成年人组织或者参加实施不良行为的团伙的，应当及时予以制止。发现该团伙有违法犯罪行为的，应当向公安机关报告。

第十八条　未成年人的父母或者其他监护人和学校发现有人教唆、胁迫、引诱未成年人违法犯罪的，应当向公安机关报告。公安机关接到报告后，应当及时依法查处，对未成年人人身安全受到威胁的，应当及时采取有效措施，保护其人身安全。

第十九条　未成年人的父母或者其他监护人，不得让不满 16 周岁的未成年人脱离监护单独居住。

第二十条　未成年人的父母或者其他监护人对未成年人不得放任不管，不得迫使其离家出走，放弃监护职责。

未成年人离家出走的，其父母或者其他监护人应当及时查找，或者向公安机关请求帮助。

第二十一条　未成年人的父母离异的，离异双方对子女都有教育的义务，任何一方都不得因离异而不履行教育子女的义务。

第二十二条　继父母、养父母对受其抚养教育的未成年继子女、养子女，应当履行本法规定的父母对未成年子女在预防犯罪方面的职责。

第二十三条　学校对有不良行为的未成年人应当加强教育、管理，不得歧视。

附录

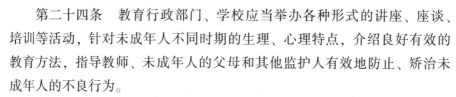

第二十四条　教育行政部门、学校应当举办各种形式的讲座、座谈、培训等活动，针对未成年人不同时期的生理、心理特点，介绍良好有效的教育方法，指导教师、未成年人的父母和其他监护人有效地防止、矫治未成年人的不良行为。

第二十五条　对于教唆、胁迫、引诱未成年人实施不良行为或者品行不良、影响恶劣、不适宜在学校工作的教职员工，教育行政部门、学校应当予以解聘或者辞退；构成犯罪的，依法追究刑事责任。

第二十六条　禁止在中小学校附近开办营业性歌舞厅、营业性电子游戏场所以及其他未成年人不适宜进入的场所。禁止开办上述场所的具体范围由省、自治区、直辖市人民政府规定。

对本法施行前已在中小学校附近开办上述场所的，应当限期迁移或者停业。

第二十七条　公安机关应当加强中小学校周围环境的治安管理，及时制止、处理中小学校周围发生的违法犯罪行为。城市居民委员会、农村村民委员会应当协助公安机关做好维护中小学校周围治安的工作。

第二十八条　公安派出所、城市居民委员会、农村村民委员会应当掌握本辖区内暂住人口中未成年人的就学、就业情况。对于暂住人口中未成年人实施不良行为的，应当督促其父母或者其他监护人进行有效的教育、制止。

第二十九条　任何人不得教唆、胁迫、引诱未成年人实施本法规定的不良行为，或者为未成年人实施不良行为提供条件。

第三十条　以未成年人为对象的出版物，不得含有诱发未成年人违法犯罪的内容，不得含有渲染暴力、色情、赌博、恐怖活动等危害未成年人身心健康的内容。

第三十一条　任何单位和个人不得向未成年人出售、出租含有诱发未成年人违法犯罪以及渲染暴力、色情、赌博、恐怖活动等危害未成年人身心健康内容的读物、音像制品或者电子出版物。

任何单位和个人不得利用通讯、计算机网络等方式提供前款规定的危害未成年人身心健康的内容及其信息。

第三十二条　广播、电影、电视、戏剧节目，不得有渲染暴力、色情、赌博、恐怖活动等危害未成年人身心健康的内容。

广播电影电视行政部门、文化行政部门必须加强对广播、电影、电视、戏剧节目以及各类演播场所的管理。

第三十三条 营业性歌舞厅以及其他未成年人不适宜进入的场所，应当设置明显的未成年人禁止进入标志，不得允许未成年人进入。

营业性电子游戏场所在国家法定节假日外，不得允许未成年人进入，并应当设置明显的未成年人禁止进入标志。

对于难以判明是否已成年的，上述场所的工作人员可以要求其出示身份证件。

第四章 对未成年人严重不良行为的矫治

第三十四条 本法所称"严重不良行为"，是指下列严重危害社会，尚不够刑事处罚的违法行为：

（一）纠集他人结伙滋事，扰乱治安；

（二）携带管制刀具，屡教不改；

（三）多次拦截殴打他人或者强行索要他人财物；

（四）传播淫秽的读物或者音像制品等；

（五）进行淫乱或者色情、卖淫活动；

（六）多次偷窃；

（七）参与赌博，屡教不改；

（八）吸食、注射毒品；

（九）其他严重危害社会的行为。

第三十五条 对未成年人实施本法规定的严重不良行为的，应当及时予以制止。

对有本法规定严重不良行为的未成年人，其父母或者其他监护人和学校应当相互配合，采取措施严加管教，也可以送工读学校进行矫治和接受教育。

对未成年人送工读学校进行矫治和接受教育，应当由其父母或者其他监护人，或者原所在学校提出申请，经教育行政部门批准。

第三十六条 工读学校对就读的未成年人应当严格管理和教育。工读

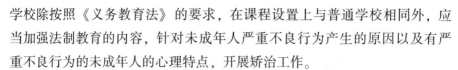

学校除按照《义务教育法》的要求，在课程设置上与普通学校相同外，应当加强法制教育的内容，针对未成年人严重不良行为产生的原因以及有严重不良行为的未成年人的心理特点，开展矫治工作。

家庭、学校应当关心、爱护在工读学校就读的未成年人，尊重他们的人格尊严，不得体罚、虐待和歧视。工读学校毕业的未成年人在升学、就业等方面，同普通学校毕业的学生享有同等的权利，任何单位和个人不得歧视。

第三十七条　未成年人有本法规定严重不良行为，构成违反治安管理行为的，由公安机关依法予以治安处罚。因不满 14 周岁或者情节特别轻微免予处罚的，可以予以训诫。

第三十八条　未成年人因不满 16 周岁不予刑事处罚的，责令他的父母或者其他监护人严加管教；在必要的时候，也可以由政府依法收容教养。

第三十九条　未成年人在被收容教养期间，执行机关应当保证其继续接受文化知识、法律知识或者职业技术教育；对没有完成义务教育的未成年人，执行机关应当保证其继续接受义务教育。

解除收容教养、劳动教养的未成年人，在复学、升学、就业等方面与其他未成年人享有同等权利，任何单位和个人不得歧视。

第五章　未成年人对犯罪的自我防范

第四十条　未成年人应当遵守法律、法规及社会公共道德规范，树立自尊、自律、自强意识，增强辨别是非和自我保护的能力，自觉抵制各种不良行为及违法犯罪行为的引诱和侵害。

第四十一条　被父母或者其他监护人遗弃、虐待的未成年人，有权向公安机关、民政部门、共产主义青年团、妇女联合会、未成年人保护组织或者学校、城市居民委员会、农村村民委员会请求保护。被请求的上述部门和组织都应当接受，根据情况需要采取救助措施的，应当先采取救助措施。

第四十二条　未成年人发现任何人对自己或者对其他未成年人实施本法第三章规定不得实施的行为或者犯罪行为，可以通过所在学校、其父母或者其他监护人向公安机关或者政府有关主管部门报告，也可以自己向上述机关报告。受理报告的机关应当及时依法查处。

第四十三条　对同犯罪行为作斗争以及举报犯罪行为的未成年人，司法机关、学校、社会应当加强保护，保障其不受打击报复。

第六章　对未成年人重新犯罪的预防

第四十四条　对犯罪的未成年人追究刑事责任，实行"教育、感化、挽救"方针，坚持"教育为主、惩罚为辅"的原则。

司法机关办理未成年人犯罪案件，应当保障未成年人行使其诉讼权利，保障未成年人得到法律帮助，并根据未成年人的生理、心理特点和犯罪的情况，有针对性地进行法制教育。

对于被采取刑事强制措施的未成年学生，在人民法院的判决生效以前，不得取消其学籍。

第四十五条　人民法院审判未成年人犯罪的刑事案件，应当由熟悉未成年人身心特点的审判员或者审判员和人民陪审员依法组成少年法庭进行。

对于已满14周岁不满16周岁未成年人犯罪的案件，一律不公开审理。已满16周岁不满18周岁未成年人犯罪的案件，一般也不公开审理。

对未成年人犯罪案件，新闻报道、影视节目、公开出版物不得披露该未成年人的姓名、住所、照片及可能推断出该未成年人的资料。

第四十六条　对被拘留、逮捕和执行刑罚的未成年人与成年人应当分别关押、分别管理、分别教育。未成年犯在被执行刑罚期间，执行机关应当加强对未成年犯的法制教育，对未成年犯进行职业技术教育。对没有完成义务教育的未成年犯，执行机关应当保证其继续接受义务教育。

第四十七条　未成年人的父母或者其他监护人和学校、城市居民委员会、农村村民委员会，对因不满16周岁而不予刑事处罚、免予刑事处罚的未成年人，或者被判处非监禁刑罚、被判处刑罚宣告缓刑、被假释的未成年人，应当采取有效的帮教措施，协助司法机关做好对未成年人的教育、挽救工作。

城市居民委员会、农村村民委员会可以聘请思想品德优秀，作风正派，热心未成年人教育工作的离退休人员或者其他人员协助做好对前款规定的

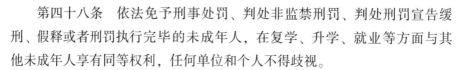

未成年人的教育、挽救工作。

第四十八条　依法免予刑事处罚、判处非监禁刑罚、判处刑罚宣告缓刑、假释或者刑罚执行完毕的未成年人，在复学、升学、就业等方面与其他未成年人享有同等权利，任何单位和个人不得歧视。

第七章　法律责任

第四十九条　未成年人的父母或者其他监护人不履行监护职责，放任未成年人有本法规定的不良行为或者严重不良行为的，由公安机关对未成年人的父母或者其他监护人予以训诫，责令其严加管教。

第五十条　未成年人的父母或者其他监护人违反本法第十九条的规定，让不满16周岁的未成年人脱离监护单独居住的，由公安机关对未成年人的父母或者其他监护人予以训诫，责令其立即改正。

第五十一条　公安机关的工作人员违反本法第十八条的规定，接到报告后，不及时查处或者采取有效措施，严重不负责任的，予以行政处分；造成严重后果，构成犯罪的，依法追究刑事责任。

第五十二条　违反本法第三十条的规定，出版含有诱发未成年人违法犯罪以及渲染暴力、色情、赌博、恐怖活动等危害未成年人身心健康内容的出版物的，由出版行政部门没收出版物和违法所得，并处违法所得3倍以上10倍以下罚款；情节严重的，没收出版物和违法所得，并责令停业整顿或者吊销许可证。对直接负责的主管人员和其他直接责任人员处以罚款。

制作、复制宣扬淫秽内容的未成年人出版物，或者向未成年人出售、出租、传播宣扬淫秽内容的出版物的，依法予以治安处罚；构成犯罪的，依法追究刑事责任。

第五十三条　违反本法第三十一条的规定，向未成年人出售、出租含有诱发未成年人违法犯罪以及渲染暴力、色情、赌博、恐怖活动等危害未成年人身心健康内容的读物、音像制品、电子出版物的，或者利用通讯、计算机网络等方式提供上述危害未成年人身心健康内容及其信息的，没收读物、音像制品、电子出版物和违法所得，由政府有关主管部门处以罚款。

单位有前款行为的，没收读物、音像制品、电子出版物和违法所得，处以罚款，并对直接负责的主管人员和其他直接责任人员处以罚款。

第五十四条　影剧院、录像厅等各类演播场所，放映或者演出渲染暴力、色情、赌博、恐怖活动等危害未成年人身心健康的节目的，由政府有关主管部门没收违法播放的音像制品和违法所得，处以罚款，并对直接负责的主管人员和其他直接责任人员处以罚款；情节严重的，责令停业整顿或者由工商行政部门吊销营业执照。

第五十五条　营业性歌舞厅以及其他未成年人不适宜进入的场所、营业性电子游戏场所，违反本法第三十三条的规定，不设置明显的未成年人禁止进入标志，或者允许未成年人进入的，由文化行政部门责令改正、给予警告、责令停业整顿、没收违法所得，处以罚款，并对直接负责的主管人员和其他直接责任人员处以罚款；情节严重的，由工商行政部门吊销营业执照。

第五十六条　教唆、胁迫、引诱未成年人实施本法规定的不良行为、严重不良行为，或者为未成年人实施不良行为、严重不良行为提供条件，构成违反治安管理行为的，由公安机关依法予以治安处罚；构成犯罪的，依法追究刑事责任。

第八章　附　则

第五十七条　本法自 1999 年 11 月 1 日起施行。

《最高人民法院关于严厉打击侵害未成年人犯罪活动，依法保障未成年人合法权益的通知》

2000 年 4 月 21 日法〔2000〕49 号

各省、自治区、直辖市高级人民法院，解放军军事法院，新疆维吾尔自治区高级人民法院生产建设兵团分院：

近期，杀害、绑架、拐卖、虐待等严重侵害未成年人合法权益的案件和未成年人犯罪案件，均有上升趋势。为进一步落实江泽民总书记关于教育问题的重要讲话精神，认真执行《未成年人保护法》和《预防未成年人犯罪法》的规定，严厉打击侵犯未成年人人身权利和其他合法权利的犯罪活动，进一步做好涉及未成年人权益案件的审判工作，现就有关问题通知如下：

一、各级人民法院要进一步提高对做好涉及未成年人权益案件审判工作重要性的认识。关心和保护青少年的健康成长，关系到民族的未来，关系到党和国家的前途命运。依法保护青少年健康成长，是党和国家的一贯政策，是人民法院义不容辞的责任。加强涉及未成年人权益案件的审判工作，是切实保护未成年人合法权益，净化未成年人成长的社会环境，保证教育改革措施顺利实施的重要措施。各级人民法院应当以高度的责任心和使命感，做好涉及未成年人权益的审判工作。

二、依法严厉打击侵犯未成年人人身权利和其他合法权益的犯罪活动。特别是对于那些杀害、故意重伤、抢劫、拐卖、绑架、拐骗、虐待未成年人，奸淫幼女等在社会上造成恶劣影响的刑事案件，必须依法从重从快判处；对于罪行极其严重，应当判处死刑的犯罪分子，坚决依法判处死刑。对于向未成年人传授犯罪方法，传播淫秽物品，引诱、教唆、欺骗或者强迫未成年人吸食、注射毒品等腐蚀、引诱未成年人的犯罪，也必须依法严惩。各级人民法院应当结合今年上半年在全国开展的"打击拐卖妇女、儿童犯罪活动"的专项斗争，适时对侵害未成年人的犯罪案件进行集中宣判，以震慑犯罪分子，有效遏制这类犯罪的蔓延。

三、各级人民法院在民事、经济、行政等各项审判活动中，要注意依法维护未成年人的合法权益。对于涉及未成年子女的离婚案件，抚育案件，解除收养关系案件，指定、变更或者撤销监护人等案件，以及侵害未成年人人身、财产、智力成果权利等民事侵权案件，应当在充分考虑有利于未成年人生理、心理健康成长的前提下依法进行审判。对于行政诉讼案件中涉及未成年人权益或者未成年人及其法定代理人作为当事人一方向人民法院提起行政诉讼的案件，经审查，确实符合立案条件的，应当依法受理，并及时作出裁判。审理劳动争议、劳动报酬等涉及未成年人权益等案件，应当注意维护未成年人的正当权益。

四、进一步总结少年法庭审判工作经验，完善中国少年司法制度。少年法庭审判未成年人刑事案件要贯彻"教育、感化、挽救"的方针，坚持

"寓教于审"，切实维护未成年被告人的诉讼权利。在交通方便的大中城市，继续推行指定管辖的试点工作，也可以进行少年法庭审理未成年人刑事案件以及其他涉及未成年人权益案件的尝试，积极探索少年法庭审判工作的新机制，加大对未成年人权益的保护力度。

五、各级人民法院要继续加强同公安、检察、司法行政机关及社会各有关方面的配合，开展保护未成年人权益、预防未成年人犯罪工作。对于未成年人权益保护及预防未成年人犯罪等方面存在的隐患和问题，要及时向有关部门提出司法建议。因地制宜，以各种方式开展保护未成年人权益、预防未成年人犯罪的法制宣传活动，扩大办案的社会效果，引起全社会对保护未成年人权益的高度关注，提高未成年人自我保护能力及抵制不良诱惑的能力。

自本通知发布后，各高级人民法院应当迅速做好相关工作部署。受理有重大影响的涉及未成年人权益案件，应当及时通报最高人民法院。